LGBTと女子大学

──誰もが自分らしく輝ける大学を目指して──

日本女子大学人間社会学部LGBT研究会 編

序　日本女子大学におけるＬＧＢＴ関連の取り組みの経緯と現状

小山　聡子

性の多様性をめぐって個別に研究や教育の中で取り上げていた構成メンバーは過去においてもいたと思いますが、日本女子大学がこの課題に取り組むことを余儀なくされたのは、二〇一五年末に附属中学校に対して寄せられた一本の問い合わせからでした。当時小学校四年生の、戸籍上男児の母親より「性同一性障害であり、医師から診断も出ているが、受験が可能か」と聞かれたのです。これをきっかけに、大学も含め、学園としての方針をきちんと決める必要があると法人として認識しました。背景には、この課題をめぐる海外の動向などについて普段よりアンテナを向けていたということもありました。当時の学長室会議の場でまずこの件が話題となり、半年から一年かけて検討すると回答をし、当該保護者の方からは、お手数をおかけして申し訳ないがぜひよろしくという応答がありました。このような問い合わせと、公式の対応はこれが初めてであったと思います。

全学園を射程に入れて公式に当該の課題関連のプロジェクトチームを作ったのは二〇一六年、年明けの一月でしたが、実際の検討は八月から実施と少しずれ込みました。それでも私たちの中では、同年一一月を回答期限と設定し、副学長が世話人となって、大学は四学部それぞれから各一名（計四名）、附属幼稚園、小学校、中学校、高等学校からそれぞれ一名ずつ（計四名）、事務局から三名（計一二名）の構成メンバーで検討をすることになりました。会議は三回（八月～一〇月）開催し、全体として、情報収集し、各部局構成メンバーの考え方を集約し、課題を洗い出していくという手順を踏みました。

情報収集としては次のような内容に目を通しました。さまざまな講習会情報（人事課員対象セミナー等）、新聞記事、ネットの記事、ＩＣＵにおける『できることガイド』、文科省における対応指針（二〇一五年）、日本精神神経学会における「性同一性障害に関する診断と治療のガイドライン　第四版」（二〇一一年）、関東一円の私立中高の出願資格、文科省の『性同一性障害や性的指向・性自認にかかる、児童生徒に対するきめ細かな対応等の実施について（教職員むけ）』（二〇一六年）など。また、「ＬＧＢＴ差別禁止の法制度ってなんだろう（トークセッション@お茶の水女子大学）」に参加、神奈川県への問い合わせを行い、そして、海外（特に北米）の女子大学の状況について新聞記事やホームページで確認しました。

課題点としては、主として「戸籍上男子のまま入学を許可するのか否か」、「在学中に性別の取り扱いが変更された場合の扱い」の二点があげられました。これらについてすぐに結論は出ませんが、実質は、国内外の動向を注意深く勘案しつつ、法的な課題と、実際の学生生活上の留意点、周囲の学友やその保護者の考え方等を総合的に配慮し決定する必要があるだろうと認識しました。

こうした検討の結果、附属中学校の受験をお認めするか否かをめぐる議論においては、時期尚早であるという結論にならざるをえませんでした。つまり、現状においては、本学園の生徒・教職員・保護者の中で性同一性障害を巡る十分な理解ができていないこと、したがって十分なサポート体制が整備できていないことが理由でした。一方この検討プロジェクトは、メンバーが真摯にホンネで語り合う場となったこと、また当初から学園全体での将来的な方針を決定する必要性を認識していたことにより、まずは大学でＬＧＢＴに関する課題一般を継続的に検討する必要があるとの声が上がったのです。

こうしたプロセスで、二〇一七年三月に朝日新聞にこの検討について取り上げる記事が載ったのは、本ブックレットに記載の学術交流研究事業による講演会の挨拶にて、私たちの検討についてお伝えしたことをきっかけに、取材を受けたからです。その時には、報道を見た卒業生より、反対の旨手紙を頂戴したこともありました。性の多様性に向き合い、女子大学としての検討をするに至った経緯について、学園関係者に対する広報が足りていなかったことを反省する出来事でした。

　二〇一七年度に入ってからは、学長の諮問機関である「大学改革委員会」下の分科会のひとつ「学生支援分科会」の中のワーキングの一つとしてＬＧＢＴワーキングを設置し、各学部代表六名、および事務局から二名のメンバーが参加して検討をスタートしました。内容としては、検討主体である我々自身が当該テーマについて学ぶという姿勢を最優先し、研修会や学習会の開催及び近隣女子大学との情報交換、そして学園内への啓発的なメッセージの発信を想定のうえ、勉強会や講演会を重ねてきました。一方、二〇一七年六月二五日に朝日新聞の教育欄に本学と津田塾大学における取り組みに関する記事が出た後に、宗教的な背景のある反対意見を頂戴したこともあります。

　ここまでは、ＭｔＦトランスジェンダーの学生をめぐる話をしてきましたが、一方ＦｔＭすなわち女性として生まれた後に、心の性を男性と自認するようになった方についてはどうでしょうか。附属高等学校には、第二部で登場する杉山文野さんが在籍していたわけですが、大学のみに関して言うなら、戸籍は女性で心は男性であるという学生については、それを公にして在籍した例は聞いていません。ただし、潜在的には在籍していた（いる）可能性はもちろんあると思います。現状において、もしすでに入学している学生が周りにそれを伝え、男性としての対応を要請した場合についてはまだ検討をしていないわけですが、どのような道を選ばれるにしても、その方の意向に沿って誠心誠意サポートすることになると思っています。ここまでが本学における経緯です。

　さて、視野をもう少し広げて日本の女子大学、また高等教育機関全体を考えた場合、性的マイノリティーの学生への理解、取り組みの現状は、少しずつ展開しつつあるものの、まだ緒に就いたばかりではないかと思います。本ブックレットに記載のシンポジウムにて、ＩＣＵでの取り組みについて伺いました。学内の制度やサポート体制の整備等諸種努力をされてきた元教授田中かず子氏でさえ、「知っていると思っていたが、当事者の孤独に気づかなかった」という発言をされています。私たち自身がまだこの課題への理解と正確な認識を深めている途上であるといわざるをえないでしょう。

性的マイノリティの方をめぐる実態は複雑であり、ある意味で「性的マイノリティ」とくくること自体に無理があるという面も否めないと思います。本学でも、安易なカテゴライズや、要支援者とくくることを厳につつしみ、まずは検討に取り組む教職員自身が真摯に学ぶという姿勢を強調してきました。今後も女子大学同士の情報交換と学び合いの中から、少しずつより良い形を模索していきたいと思います。

トランスジェンダーの学生の受け入れの難しさはどこにあるのかと考えてみますと、ひとつには、まだまだシンプルな性別二元論が主流である現状において、心の性と身体の性にズレを感じてきた当事者の方は、さまざまな傷つき体験を経ていることが多いと想定されます。したがって性の多様性をめぐる集団への教育的対応がまず必要になると考えられますし、またそのような心身の状態を十分に承知したうえで、あるべきサポート体制を組むことも必要です。ふたつには、それと関連して、性別二元論を自然と感じる多くの教職員や保護者、卒業生などが抱きうる違和感にどう対応するのかということを想定しなければならないと考えます。もしトランスジェンダーの学生に受験資格を開く場合には、ＭｔＦであることの診断を取るのか否かを含めた資格要件の設定が必要になるでしょう。また、トイレや更衣室等への配慮や、宿泊をともなう授業時の各種配慮が必要になります。

こう書いていくと難しいことだらけに感じられるかもしれません。しかし、時代が変わるなかで、現在の女子大の存在意義は何かということを真剣に考え、言語化していかねばならない時期であることとの関連も忘れてはなりません。女子に教育の機会が与えられなかった時代に、女子を人として育てるということをうたって開学した本学が、女子の大学への進学率自体が五〇％になろうとしている現代において、どのような意義を持つのかということについて、もっと明確に言語化しなければならないと考えています。

本学の学則やアドミッションポリシーに「女子」が明示されていないことから見ても、「女子」であるという前提は性別二元論の中で、「女子大」と言っただけでそれ以上何も言う必要がないくらい当たり前のこととされてきたことがわかります。しかし一方、昨今の社会情勢において、性の多様性を認識し、なかでもトランスジェンダーの方が直面する課題を人権の問題として考えたときに、到底この「受け入れ問題」は見逃しにはできません。女子大学はその「入り口」部分で入学資格を再検討せざるをえないという局面にたたされているのです。

過日、共学の大学でこのことが話題になったときに、「共学校では問題にならない（＝単純に理解やサポートを充実させれば良いというニュアンス）」といった話があったのですが、おそらくその「入り口」部分での現実問題として検討せざるをえない女子大学には、固有の大変さや難しさとともに、強みがあると思っています。津田塾大学の髙橋学長は、後半に記載されるシンポジウムにて、北米の女子大学が、ジェンダー的に周縁におかれる学生を巡る議論と、女子大学のミッションを巡る議論とを結び付けて検討してきたことに注目されています。私もこの様な、言わば女子大学の存立意義の更新作業と一体化した深い議論が進むことを希望していると同時に、そうした議論がアドミッションポリシーに反映されるにはまだかなりの時間がかかることも認識しています。

ここまでの議論を踏まえて言うなら、ジェンダー的に抑圧されてきた女性、つまり、必ずしも身体の性にとらわれない、社会生活の中で生じるネガポジ含めた自己意識としての「女性」を女性ととらえることが自然であるのかもしれません。ただし、もともと女性とは、二元論にいう「女性」から出発しているため、そこで起こりうる女性差別や抑圧の問題を考えたときに、トランスジェンダーの人が生まれの性と違う性になりたいと希求することが、同時に真の男女平等を実現することに向けた試みと完全にイコールとは言いがたい場合がありうるかもしれないと思案もしています。たとえば、場合によって女性以上に女性「らしく」振る舞おうとする過程で、むしろ女性というジェンダーの被る抑圧を引き受けてしまうようなことが起こりうるのではないか。いずれにしても、こうした議論を丁寧に続ける中から「女性とは何か」もしくは「女性の意味」は精査されてくると考えています。

シンポジウム

「多様な女子」と女子大学

――トランスジェンダーについて考える

二〇一七年二月二五日

シンポジウムを開催するにあたって

山田忠彰

人間が性的存在であることは否定しえない事実であるが、この存在であることが個人のセルフ・アイデンティティーの根幹をなしているという了解はどこまで浸透しているだろうか。あまり疑問に付されることがなかったであろう、生物的性の当然視あるいは自明視は、人間をめぐる多くのことがらを見えにくくさせてしまっているといえるのではないだろうか。

いま、声が沸き起こっている。それは、とりわけ、ひとはいかなる性に向かって性的欲求を経験するのか(セクシュアル・オリエンテーション)ということ、そして、ひとはいかなる性に帰属するものとみずからをみなすのか(ジェンダー・アイデンティフィケーション)ということに関して、個的選択の自由を尊重せよというものである。このような声を聴くと、もっとも私秘的なことと思われることがらに関して、社会的なアピールが必要とされるという パラドックスをいかに解すべきなのかという疑問が生じるかもしれない。だが、そこにまさに人間であることの不思議と可能性があるとみるべきだろう。この声が発しているのはそれこそセルフ・アイデンティティーに関わるジェンダー・アイデンティティーの揺らぎ・多様化なのであり、これはとりもなおさず、トランスジェンダーの社会的認知の要求にほかならず、こうした認知によって、個人がまさしくそのひと足りうることのアピールなのである。より一般的にいえば、社会的承認こそが、ひとの個人としての存在を可能にするのである。

わけても、いわゆるジェンダーの単一性にもとづいて、女性に入学を限っている女子大学こそ、この声に真摯に対応すべきではないだろうか。まさしくこうした気運を踏まえたいくつかの内部の声から、ここにシンポジウムが企画されることになった。

このシンポジウムでは、トランスジェンダーを実践しているひとびとや研究者にパネラーとしての参加を請い、フロワーも交えたさまざまな発言・討論を通して、女子大学として取るべき方向性を考えていくことを基本的な趣旨とし、そのさい同時に、トランスジェンダーの実践者が恐らく被ってきたであろう差別、抑圧についてもできる限りの情報を得て、この問題の社会的奥行きにも配視することを目ざしている。

こうしたことを踏まえながら、多様な人間のいる自由な学園、ひいては自由な人間社会、誰もセルフ・アイデンティティーに関して苦しむことがなく、自分らしく生きることができる、「透明な涼しい風が吹く」という言葉が象徴するような学園や社会をつくっていくこと、このことが、いま、切に望まれていると思われる。

女体の着ぐるみを身につけて

杉山文野

皆さん、こんにちは。杉山文野と申します。今日は貴重な機会をいただき、どうもありがとうございます。このようなかたちで母校に戻って来られる日が来るとは、セーラー服を着ていた頃は思いもよらず、本当に光栄に思います。

「ＬＧＢＴ」をはじめ「セクシュアル・マイノリティ」、そんな言葉を耳にする機会が最近は増えているのではないかと思いますが、そういった言葉を聞いたときに、「それって、夜の水商売の人たちだよね」とか、「テレビをつけたら映っている、ああいうバラエティーの人だよね」とか、どこか自分とは少し遠い存在だと思われている人が、まだまだ多いのではないかと思います。

今日は、ＬＧＢＴというのは、もっと身近にいるのだよということを、トランスジェンダーの一当事者の体験を通して、少しでも身近に知ってもらったり、考えてもらったりするきっかけになればうれしいと思いますので、どうぞよろしくお願いいたします。

早速、ざっと自己紹介をします。現在は三五歳です。実家がとんかつ屋で、新宿でもう七〇年以上やっています。なので、生まれも育ちもずっと新宿です。フェンシングの元女子日本代表もしていました。杉山家の次女として生まれて、長男になるまでにはいろいろなことがありましたが、やはり私のアイデンティティーの一番は、この日本女子大学に入れてもらったことかなと思います。幼、小、中、高と日本女子大附属で過ごしました。

しかし、女子校で過ごすなか、僕は、女体の着ぐるみを着たような違和感を感じていました。でも、それは誰にも言ってはいけないことなのだろうなという思いでこの時期を過ごしていました。

高校のときにカミングアウトをすることになりますが、これからどうやって生きていこうかと考えたときに、最終学歴が女子校だと生きていけないのではないか。そんな思いから、ずっとやっていたフェンシングの推薦で早稲田大学に入学しました。今度は男女共学になって、少し気持ちが楽になった部分もありました。

でも、周りの友達が就職活動を始め、履歴書の男と女のどちらに「○」したらいいのだろうから始まって、制服があるようなところでは働けないし、どうしようと思っていたときに、たまたま、ある出会いをきっかけに本を出すことになりました。明治通りを乙武洋匡さんが車椅子で走っているのを見かけて、いきなり、「すみません、乙武さん。乙武さんって手術しないのですか」と声をかけたのがきっかけでした。

当時、僕が性転換手術、いわゆる性別適合手術を考えていたときに、周りの人からは、「何でそうまでして男になりたいの？　変わりたいの？」と聞かれましたが、自分自身としては、元の体に戻りたいという感覚で手術を考えたのです。

そんなときに、たまたま道行く乙武さんを見つけ、「手足を取り戻したいと思ったことはあるのかな？」と、ふと疑問を持って、急に、「すみません」と声をかけたのです。「何だ、こいつ？」という感じでしたが、「失礼なのは重々承知で、これこれこうで」と言ったら、「あ、なるほどね。そういったことを言える人はまだだいないから、本でも書いてみたらいいんじゃない」ということで薦めていただいたのです。この出会いをきっかけに本を出すことになりました。

本を出したときの思いとしては、そういった「セクシュアル・マイノリティ」が、イコール「夜の世界の人」とか「バラエティーの人」ではなくて、すぐ隣にいるような存在なのだということを伝えたかったのですが、当時は性同一性障がいという言葉の認知もほとんどないときです。どこに行っても、「性同一性障がいの人」と言われるようになって、少し窮屈になりました。

たとえば、たまたまグリーンバードというごみ拾いのボランティア活動に参加していたとき、取材を受ける機会があって、掃除の話をしました。できあがった記事を見たら、何と、「グリーンバードの杉山文野さんは、性同一性障がいを乗り越えて掃除をしています」という記事になりました。「ちょっと待て」と。「掃除と性別の何が関係あるんだ」と。僕が何かをすれば、とにかく、「性同一性障がいの人」と言われるようになって、やはり窮屈だなということで、逃げるように海外に行きました。二六歳のときです。日本という国が、どうしても閉鎖的というか、性に対してオープンではないというか、何かそういった生きづらさがあるのではないか、海外に行けば、もしかしたらもう少し生きやすい所があるのではないか、そんな淡い期待を持って海外に行きました。

そして、バックパック一つで、アジア、アフリカ、中南米をぷらぷらしていましたが、性別のことから逃げたいと思って行ったのに、今度は世界中で、「シーなのかヒーなのか、ミスターなのかミスなのか、ムッシュなのかマドモアゼルなのか、アミーゴなのかアミーガなのか」と。

そして、最終的に南極船に乗り込んだときですら、男性と部屋をシェアするのか女性と部屋をシェアするのかでもめました。「あ、僕はこんな世界の果てに来てまでも、性別からは逃げられないのだな。性別だけではなく、世界中どこに行っても自分自身から逃げられないのなら、場所を変えるのではなくて、今いる場所を生きやすく変えていくことが大事なんじゃないか」と思ったのが、今、こういった活動をしている原点でもあります。

それで、一度日本に戻って仕切り直して、今度はタイに行って乳房切除の手術を受けました。いろいろ迷っていた手術でした。トランスジェンダーにもいろいろな人がいますが、僕自身は、手術をしたほうが気持ちよく生きられるという決断から手術をしました。そこから、男性ホルモンの投与を始めました。今でも二週間に一度ホルモン注射をしています。その副作用としてひげが生えたり、少し筋肉痛になったり、最近はもっぱらネタですが、髪の毛が少し薄くなったりしてきました。まさか自分の父親と同じ頭皮クリニックに通うことになるとは誰も思ってなかったと思います（苦笑）。

そして、そのあと、一般企業に就職しました。当時は、活動家になれよとか、ジャーナリストになったほうがいいんじゃないかと、いろんな話がありましたが、そういう道に進むと、何か一部の人になるのも怖いし、トランスジェンダーをオープンにしながら、いわゆる「普通」の会社員をやっているほうが、よほどメッセージ性があるのではないかとも思って一般企業に就職をしました。

全国で約四〇〇店舗の飲食店を展開しているような企業だったのですが、企画開発部という部署で、そこの現場と本社を行ったり来たりしながら、新店舗の開発やメニューのリニューアルといったことをして三年ほど過ごし、三〇歳のときに独立しました。現在は、新宿と渋谷で飲食店の経営をしながら、こういったＬＧＢＴの啓発活動を行っていると、そんな毎日です。

では、改めて、ＬＧＢＴとは何だろうということですが、このＬＧＢＴという言葉を今日初めて聞きますという人はいますか。何人かいますね。「レズビアン」「ゲイ」「バイセクシュアル」「トランスジェンダー」の頭文字を取って「ＬＧＢＴ」と言います。一九八〇年代後半ぐらいから欧米で使われるようになって、最近、やっと日本でも使われるようになってきた言葉です。

じゃあ、この中でＬＧＢＴの友達がいるよという人はいますか。結構、今日は多いですね。はい、ありがとうございます。最近では「ＬＧＢＴ」以外にも「ＳＯＧＩ」という言葉も使われています。これは、「セクシュアルオリエンテーション・アンド・ジェンダーアイデンティティー」の頭文字を取ったもので、性的指向[1]と性自認[2]のことを示す言葉です。

ＬＧＢＴと言っても、本当にいろいろなセクシュアリティがあります。ＬＧＢＴは、性的少数者の総称として扱われますが、やはりそこからこぼれ落ちるセクシュアリティがあるのではないか。たとえば、性の対象、性欲を持たないアセクシュアルの存在とか、すべての性を対象に持つパンセクシュアルだとかXジェンダー[3]とか、今はいろいろな言い方があって、それらのすべてを広く拾うということで、「ＳＯＧＩ（ソジ）」と言います。この言

い方だと マイノリティマジョリティ関係なく広く性的指向と性自認に関すること、いわゆるみんなの課題だよねということで、国連や国会など政治の世界では「ＳＯＧＩ」のほうを使うことが多いようです。日本では、「ＬＧＢＴ」と「ＳＯＧＩ」を両方並行して使っていくのかなと思います。また、その中でも、今日のトランスジェンダーというのは、生まれたときの性を越えて生きる人ということで使われます。

このトランスジェンダーはすごく広い意味で使われる言葉です。手術する人もいれば、しない人もいます。日本では、トランスジェンダーの中でも、特に性別違和が強い場合に性同一性障がいという疾患名を付けることがありますが、世界的な流れからすると、これは障がいでも何でもなくて、一つの生き方です。ただ、医療的なサポートが必要であるといったスタンスです。

日本では、二〇〇四年に性同一性障害特例法が施行されて（成立は二〇〇三年）、今までに約七千名の人が戸籍上の性の変更をしています。戸籍の性の変更は五つの条件を満たすとできます。二〇歳以上であること、二〇歳未満の子どもがいないこと、現在、婚姻関係がないこと。あと二つは、手術を行っていて、外見が移行後の性別に類似しているということと、生殖機能を取り除いていること。その五つの条件ですが、僕自身は、乳房切除は受けましたが、子宮卵巣の摘出がまだ終わっていませんので、こんなただのおじさんみたいになっても、戸籍上はいまだに女子という表記になっています。

性について語るときというのは、生物学的な性、体の性によってのみ語られることが多いのではないかと思います。でも、性というのはそんなに単純なものではなくて、いくつかの要素が組み合わさっているととらえてみます。一つは、生物学的な性、体の性です。もう一つ、精神面の心の性、そして、好きになる性が、対象の性がどちらに向くか。そういったことで言うと、たとえば、ごく「普通」に言う男性は、体が男性で心が男性で女性が好きな、いわゆる世の中で言う一般的な男性。そして、体が女性で心も女性で男性が好きというのが、一般的に言う女性ですね。

では、僕の場合はどうだったかというと、体は女子として生まれてきました。でも、気持のうえではずっと「僕」と思っていて、そして女の子が好きです。女性として女性が好きなのをレズビアンと言ったり、男性として男性が好きな人をゲイと言ったりします。でも、そんなに単純なものではなくて、たとえば、体は男性として生まれてきたけれども、アイデンティティーとしてはすごく女性的な部分もあったり、そんなに男性、女性と一〇〇％きっぱり白か黒かみたいな話ではなくて、もう少し揺らぎがあったり、あいだのグラデーションのところにあったりです。あとは、「性の対象は幅広く、両方ですよ」という方もいます。

今日は少しわかりやすく、「心」、「体」、「好きになる性」で分けましたが、たとえば、「表現する性」も加えて、これらの組み合わせ、掛け合わせによってセクシュアリティが成り立っているとするのであれば、もうこれだけ多様に考えられるセクシュアリティを男性、女性ときっぱり二分するのは、少し窮屈ではないかなと思っています。

ＬＧＢＴの人はどのくらいいるのか、こんなデータが出ています。大体五％から八％、日本の人口で言うと約一〇〇〇万人になるのではないでしょうか。この中でＡＢ型の人はいますか。何人かいますね。はい、ありがとうございます。では、左利きの人。結構いますね。はい、ありがとうございます。大体、ＡＢ型の人や左利きの人とさほど変わらない数と言われています。

ちなみに、今度はこの中で、佐藤さん、鈴木さん、高橋さん、田中さん、伊藤さん、渡辺さんという名字の人はいますか。結構いますね。これは、日本で最も多い名字のトップ6ですね。この人たちが、大体同じぐらいの人数だと言われていますので、「ＬＧＢＴの人に会ったことないよ」と言われる人も、今まで自分が出会ってきた、佐藤、鈴木、高橋、田中、伊藤、渡辺さんと同じか、それ以上にＬＧＢＴの人がいると知っていただければ、実は、一緒にいたのではないかということを体感してもらえると思います。

また突然ですが、いまスクリーンに映している写真の中にいったいどのくらいＬＧＢＴの人がいると思いますか。この中には三人ほど、「ストレート」と言っている人がいますが、ほかは皆さんＬＧＢＴの当事者だと言われている人です。何をお伝えしたいかというと、やはりセクシュアリティは目に見えない。これが一つのキーワードではないかと思っています。たとえば、手がない足がないと言えば一目瞭然ですし、車椅子の人の前に段差があれば、手伝うこともできるかなと。けれども、このセクシュアリティというのは、言わない限りはわからない自己申告制なのです。

今日、僕がここに来て、もし政治や経済の話をしていれば、僕が元女性だということは全然わからないでしょうし、今、隣にいる人が異性愛者なのかどうかはわかりません。でも、この社会で育った私たちは、誰か人に会ったときは、必ず相手が異性愛者であるという大前提で会話が始まってしまいます。男性を見れば、「好きな女性はどんなタイプですか」となるわけです。もう異性愛者と限定して会話がスタートしてしまう。こういったことに課題があるのではないかと思います。

実際に、一〇年ほど前に僕が『ダブルハッピネス』（講談社）という本を出したときに、全国の当事者から、「僕もそうです。私もそうです。でも、誰にも言うことができません。辛い、苦しい、助けて、死にたい」、そんなメッセージが、千通を超えるようなメッセージが来ました。でも、それは全国からだけではなく、もっと身近にいた、附属校のクラスメートだったり、先輩だったり、後輩だったり、フェンシングの仲間だったり、いろんな人からもカミングアウトを受けて、実は、本当にこれだけたくさん身近にもいたんだなと、僕自身も驚きました。

今は、「何だ、もっと早く言ってくれたらよかったのに。言ってくれたらいいじゃん」と言ってもらえるのはうれしいのですが、どうして言えると言うのでしょう。小さいときからテレビをつければ、女性的な男性が、「おかま」と笑い飛ばされていて、「何だ、おまえはこれ（頬に手をあて）か？　俺に病気をうつすなよ。俺はそっちじゃないからな」と、そんな対応が当たり前のようにされていました。

特に、僕が小さいときは「とんねるずのみなさんのおかげです」という番組で、保毛尾田保毛男というキャラがはやりました。青ひげを塗った貴さん（石橋貴明）のものまねをして友達が笑い合っていたりとか、「何かきもい」と言っていたり。それこそ一緒にテレビを見ているうちの親なんかが、「嫌ね、この人たち」なんて言えば、「あ、僕も、もし本当のことを言ったら、『嫌ね』と言われるんじゃないか。気持ち悪いと思われたらどうしよう。いじめられたらどうしよう。居場所がなくなったらどうしよう」、そう思うと、やはり怖くて言うことはできませんでした。

では、いつからそうだったのかというと、これも一目瞭然ですが、この写真です。杉山家の次女として、我ながらかわいかったなと思います。グローブを持ってポーズ、袴を着てポーズ（写真上段）、モデルガンを持ってポーズ。これが日本女子大学附属豊明幼稚園のときですね（写真中段）。ご覧のとおり、女の子だった時期は一度もありません。幼稚園のときも、いつも男の子とばかりサッカーをしていました。

なので、スカートをはくと途端にこんな顔になります（写真下段）。我ながら非常にわかりやすい子どもだから、すでにこの世の終わりみたいな顔をしています。もう幼稚園の入園式のときには親にスカートをはかされて、「嫌

左から２人めが筆者

だ嫌だ」と泣いて逃げていたので、「いつからそうだったの？」と言われれば、「生まれたときから」としか言いようがないと思います。

では、実際に何が大変なのか。LGBTという言葉でひとくくりにされることはありますが、「L」も「G」も「B」も「T」も全然違う課題だったりもします。ただ、目に見えないマイノリティということでは共通する部分もあるので、一緒に語ることも多いです。特にこれは、どちらが「いい／悪い」という話ではありませんが、最悪言わなければわからない「L」、「G」、「B」と、やはり見た目が変わっていくこの「T」は、全然違う課題だったりもします。

特にトランスジェンダーには、性別の移行期というのがあります。先ほどの若い頃の写真からこのひげが生えるまでに至るには、「あれ？　男の子なのかな？　女の子なのかな？　どっちかな」という時期を、どうしても過ごさなければいけません。トランスジェンダーの一当事者として大変だったのは、やはりトイレとかお風呂のように、男性、女性ときっぱり二分されるような所でした。

今でも、「文野はトイレはどっち入っているの？」と聞かれますが、さすがにもう女性用のトイレには入れないですよね。なので、男性用トイレです。ただ、立って用を足すことはできないので個室を利用していますが、先ほどの写真にあったような頃はどちらのトイレにも入れなくて、女性用のトイレに入れば入ったで、「あんた、こっちじゃないでしょう」とおばちゃんに怒られたりして、「すみません、これでも、一応、女子なんです」と、トイレで謝った回数は数知れず。

かといって、知っている人に会ったら気まずいなということで、男性用のトイレに入れるわけでもなく、極力、外ではトイレに行かないようにしました。そういったことが原因でぼうこう炎になってしまうようなトランスジェンダーの当事者も非常に多かったりします。

あとは、お風呂です。よく、「おまえ、女風呂に入れていいじゃねえか」と言われることもありますが、そんな次元の話ではなく、このコンプレックス以外の何物でもない自分の体を見られるのが嫌で、もう気持ち悪くて、とにかく、極力みんなとは一緒に入らないようにしていました。

ただ、どうしても避けては通れないときがありました。プールの授業、修学旅行、合宿のときなどは、何とか時間をずらして、みんなより先に、それこそ日本女子大の附属校では軽井沢の三泉寮[4]に夏の学校で毎年行きますけれども、そのときも本当に、もうぱっとみんなが入る前に入ったりとか、みんなのあとでささっと入りに行ったりとか、そんなふうにしてやり過ごしていました。

最近では、僕自身はオープンにして生きていますので、だいぶ楽になってきた部分もあります。でも、たとえば、今でも、パスポートも保険証もフィメール（女性）なのです。海外旅行が好きなのでよく行きますが、そういうときに入国審査で引っ掛かってしまうことがあります。

「おまえは、そのひげ面でフィメールってどういうことだ」「これこれこうで」と言うと、「タイとかフィリピンから来た、おまえと逆のやつは見たことがあるけど、おまえみたいなのは初めてだ。ちょっと待っとけ」と、空港で二〇時間待たされた挙げ句の果てに、入国拒否です。すぐに日本大使館に、「入国できないのですが」と問い合わせたところ、「え？　何かあったのですか。日本人で入れなかった人はいませんけど」と、そんなこともありました。

他には、たとえば、選挙に行くときなんかも、家に送られてきたはがきを持って投票所に行って、入り口でピッとやります。すると、そこには「女性」と出てきてしまいます。そうすると必ず、「あれ？　これはご本人様じゃないですよね」と、引っ掛かってしまう。そんなことがあります。

あとは、本当にネタですが、前、たまたま目白に来ることがあって、ちょっと母校の豊明小学校に行ったら、守衛さんに止められて、「卒業生です」と言ってもなかなか通じません。それはそうだよなと思いましたが、そんなこともありました。

ということで、話は戻りますが、何が嫌だったかというと、セーラー服が嫌で嫌で仕方がありませんでした。今日も女装かよと、毎日女体の着ぐるみを着ているような感覚ではありましたが、やはりみんなと同じ格好をしないで変な人と思われるのも怖かったので、とにかくみんなと同じ格好をして行こうと。でも、この下にはいつも短パンをはいて気持ちをやり過ごしていました。

学校に行くと、一人だけ体操服に着替えます。水泳も好きでしたが、水着が嫌でやめてしまいました。高校のときに剣道部に入っていたのですが、当時女子は赤銅に白袴、それも嫌でやめてしまいました。フェンシングだけは、唯一、男女でユニフォームの差がなかったのですね。だから、多分、続いたのだと思います。

中学生から高校生にかけての時期が一番辛いときでした。いわゆる第二次性徴が始まって、体が順調に女の子として成長していく一方で、気持ちのうえではどんどん男性としての自我が強くなっていく。まさに引き裂かれるという簡単な言葉では済まされないような心理状況です。自分だけが頭がおかしいのではないか。こんなに頭がおかしいのはこの世に一人しかいないのではないか。根拠のない罪悪感で自分を責め続けるような毎日でした。

このときというのは、自分が女性として生きていくという未来が全く描けませんでしたし、かといって、男性として生きていくという選択肢があることも知らなかったので、「僕は大人になれないんじゃないかな。大人になる前に死んじゃうんじゃないかな。どうせ死ぬなら早く死にたいな」と、そんなことばかりを考える学生生活でした。

ただ、ずっと根暗な毎日だったわけでもなく、女子校でボーイッシュな先輩は割ともてたりもして、バレンタインはいつも紙袋いっぱい持って帰っていました。学校で応援団をやったり、運動会の実行委員長をやったりして、外では元気に明るく楽しいボーイッシュな先輩を気取りながら、家に帰ると一人泣いている、そのような二重生活が長かったのではないかと思います。

「そんな僕の転機とは？」ということで、二つあります。一つは、一九九〇年代後半に、「性同一性障がい」という言葉が世に出たことです。障がいか否かは当事者の中でも意見が割れますが、私自身としては、障がいであろうが何であろうが、とにかく、「こういった人がほかにもいたんだ。僕だけじゃなかったんだ」と、初めて自分を自己肯定できるきっかけになりました。もう一つは、中学校のときに初めて彼女ができます。ですが、高校の途中で振られてしまい、それが辛すぎてカミングアウトに至ります。

私は幼稚園のとき、クラスの女の子を見て、「かわいいな。好きだな」と、素直に湧き出る感情がありました。でも、そういうことはいけないことだ、気持ち悪いことだ、いじめられてしまう、笑われてしまうと、現代の社会で教わってきた私の頭は否定します。私が女の子を、「かわいいな。好きだな」と思えば思うほど、「それはいけないことなんだ。気持ち悪いことなんだ。おまえはそういう気持ち悪い人になるはずがない。思っちゃいけない」、脳からそういう指令が出ます。

この葛藤が本当に一番苦しかったですが、たまたま中学のときに、クラスメートに、「別に女の子が好きなわけじゃないけど、文野のこと好きになっちゃったんだよね」と言ってくれる子がいて、私も気持ちを押さえきれず付き合うことになりました。

もちろん、誰かに言えるわけではないので二人でひっそりと付き合っているつもりでしたが、学校では一緒にいる時間が長くなってしまい、すぐに周りから、「あいつらレズのカップルなんじゃないか」と後ろ指をさされました。実は先生からも、「いつも一緒にいて気持ち悪いわね」と言われたこともあって嫌な思いがありましたが、何とか一緒にいたいと頑張って付き合っていました。が、結局、高校の途中で振られてしまいました。

付き合うのも初めてなので、別れるのも初めてでした。ただでさえ振られるのはつらいと思いますが、それ以上に、唯一の自分の理解者がいなくなるのではないか、こんな気持ち悪い私を、「好きだ」と言ってくれる人は二度と現れないのではないか、そういった不安や誰にも相談できない孤独感から気がおかしくなるほど悩みました。ご飯も喉を通りませんし、夜も眠れません。けれども、学校には行き続けました。それは何故か？　もし学校を休んで、その原因を追及されて、ばれるのが怖かったからです。

とにかく様子がおかしかったのでしょう。そうしたら、周りの友達からは、「文野、何かあった？　大丈夫？」「何でもない」「絶対何かあったでしょう？」「何もない」と言い張りましたが、最終的にはバスケ部のキャプテンをやっていた友達に首根っこをつかまれて、放課後の部室までずるずると引きずられていって、「ここまで来たら誰も来ないよ。言ってごらん。何かあったんでしょう」と言われ、「実は」と、そこからが初めてのカミングアウトになりました。

一八年近く誰にも言ったことがなかった思いを泣きながら吐き出すように話して、恐怖でしかなかったカミングアウトでしたが、ずっと黙って聞いていてくれた友達が、「話してくれてありがとうね。性別がどうであれ、文野は文野で変わりないじゃん」と一言言ってくれました。私はそこで初めて、この世に生まれ出たと言っても過言ではないような気持ちになりました。

「僕は僕だと言ってもいいんだ。『僕は僕だ』と言っても、『友達だ』って言ってくれる人がいるんだ」、それが大きな転機となりました。もちろん、そこからすぐにすべてがうまくいったわけではありませんが、仲のいい友達に少しずつカミングアウトして、少しずつ受け入れてもらって、少しずつ自己肯定感を取り戻して今があると思います。

これはあくまで一当事者としての体験談ですが、実は皆さんの近くにも、今、学校の中にもそういった子がたくさんいるのではないかと思います。「まさかうちの子に限って」「まさか自分の友達に限って」と思うかもしれませんが、私の親も、「まさかうちの子に限って」と思っていたと思います。でも、それが現実ではないかと思います。

いろいろありましたが、今となれば、こういった辛い、苦しいことこそが、自分を成長させてくれたいい栄養素だったのではないかと思います。うれしい、楽しい、ハッピーは、割とその場限りのものが多いですが、こういう経験が早い段階でできた、それを支えてくれる仲間がたくさんいたことは、とてもうれしいことだと今は思います。

お話の最初に、「新宿と渋谷で飲食店をやっている」と言いましたが、一つは神宮前の「ｉｒｏｄｏｒｉ」というレストランです。これは、ＬＧＢＴセンターみたいなものを創りたいという思いから始めました。欧米に行くとＬＧＢＴセンターといって、いろんなＬＧＢＴの人が気兼ねなく集える場所、情報共有するスペースがありますが、日本にはまだまだそういった場所がありません。ならば、そういった場所を創れないかと思いました。行政から支援を受けること等はまだできませんので、飲食店で通常は回しながらやっていこうと始めたものです。

今、全部で三店舗中一〇人いるスタッフの中で、六人ぐらいがトランスジェンダーです。ですが、メニューに、「トランスジェンダー」とか、「ＬＧＢＴ」と書いているわけではありません。とにかくおいしいご飯を出そうという思いです。おいしいご飯があるからいろんな人が来てくれて、おいしいご飯を食べて、楽しい時間を過ごしてもらった結果、「そっか。スタッフがそうだったのですね」とか、「こういうコンセプトだったのですね」と、あとから知ってもらうぐらいがちょうどいいと思います。いわゆる普通の社会、何が普通かわかりませんが、普段暮らしている社会の中にＬＧＢＴの人もそうではない人も交われる、そういう社会との接点がもっとできていけばいいと思います。

先日は、学年問わず日本女子大学附属の同窓会をうちの店でやりました。たくさんの女子に囲まれて育ってきましたが、今日は「多様な女子」の一人として、交ぜていただいて本当に光栄です。結局、いろいろありましたが、最終的には性別関係なく、「人として」ということだと思っていて、一緒に生活していた仲間が、見た目が変わろうが何しようが、今でもそういった仲間たちがいるという、日本女子大学には本当に感謝しています。ご清聴ありがとうございました。

注

（1）好きになる性。どのような性別の相手を恋愛や性愛の対象としてもつかというもの。出典：早稲田大学教育総合研究所監修『早稲田教育ブックレット№13　ＬＧＢＴ問題と教育現場―いま、わたしたちにできること―』学文社、二〇一五年、七頁。

（2）こころの性。自分の性別をどのように認識しているかというもの。出典：同右、七頁。

（3）こころの性が男女どちらかに分けきれない人たちのこと。出典：同右、九頁。

（4）一九〇六（明治三九）年、長野県軽井沢に日本女子大学校の夏季の学寮として設置された。現在は、大学、附属学校の生徒、卒業生が時期を調整して使用している。出典：日本女子大学『日本女子大学学園事典―創立一〇〇年の軌跡』ドメス出版、二〇〇一年。

私が女性として生活できるようになるまで

S（トランスジェンダー当事者：MtF）

ただ今ご紹介にあずかりましたLGBT当事者のSです。よろしくお願いします。先ほどお話がありました杉山文野さん（以下、文野さん）と逆で、私はもともと男性として生まれ、現在は女性として生活しているということで、体験談などを交えて、「トランスジェンダーの当事者ってこんな感じなんだよ」というのをお伝えしたいと思います。

まず自己紹介します。三二歳、某地方都市出身です。新卒で一般企業に入社し、今もそこに勤務しています。二〇一五年に、会社に性同一性障がいをカミングアウトして、女性として勤務を開始し今に至ります。

簡単にこれまでの人生を振り返ります。とある家庭に長男として誕生し、そのあと、保育園に入りました。この頃からすでに、文野さんと一緒で、私は女の子とばかり遊んでいて、周りのお父さん、お母さん、友達などから、「男らしくしなさい」「女の子っぽくて、何か気持ち悪い」といったことを言われるなどして育ちました。

年齢が上がっていくにつれて、性別の違和感はどんどん大きくなっていきますが、同時に、周りからいろいろ言われるので、「（性別の違和感を持つことは）駄目なことなんじゃないか」「こういう自分が恥ずかしい」と思うようになりました。そこで、男性として生まれたのだから、男性として生きていこうと一生懸命頑張りました。

就職して二五歳ぐらいまでは男性として男らしく生きようと生活していましたが、性別のことはなるべく考えないように、仕事に没頭することで性別の違和感を忘れようとしていました。そうすると結構頑張りすぎたようで、やがて体を壊してしまい仕事をしばらく休む事態にまでなりました。そこで私は悟りました。「これ以上隠して生きていくのは、ちょっと難しいな」と。

そこから一念発起して、病院に通ってホルモン治療を始めて、性別移行を徐々に始めていきました。それから時間は空きましたが、タイミングがあったので、二〇一五年にカミングアウトして女性として勤務を開始しました。去年の暮れには、タイで性別適合手術も受けてきました。

ここからは、今日の本題です。「トランスジェンダーってどんなことに悩むの？」ということで、私がトランスジェンダーの当事者として、実際に経験した九つの悩みを簡単に紹介します。暗いトーンにどうしてもなってしまうので、できるだけからっとお話ししたいと思います。

一つ目は、「トランスフォビアとの闘い」です。「フォビア」とは、辞書で調べると、恐怖症や嫌悪感といった意味ですが、周りの人からトランスジェンダーに対する差別や偏見を日々受けながら、私たち当事者は生きています。

それを受けての二つ目は、「当事者自身のトランスフォビアとの闘い」です。周りの人から差別や偏見など嫌悪のような感情をずっと受けていると、自分自身も、「やっぱりこれはいけないことなのではないのか」とか、「間違っている」というような否定的な感情が生まれてきて、自分自身でトランスフォビアを持ってしまいます。

私自身の経験としては、小学校のときに、ちょうどテレビでカルーセル麻紀さんのドキュメンタリーをやっていたことがありました。そのときのカルーセル麻紀さんの幼少期の話が、当時の自分の経験したことに近かったので、本当に小さかったのですが、「私は、将来、ニューハーフになるんだな」と幼いながらに思いました。

でも、同時にそれを見ていた父親が、「気持ち悪い」といったような話をしていたので、「将来私はこの道を選ぶのかもしれないけど、これを選んでしまうと家族と別れて生きていかないといけない」、「いろいろな人たちに後ろ指を指されながら生きていかないといけないのだな」などと同時に感じることによって、「これはいけないことなのだ」という強い感情が芽生え、本当の気持ちにふたをして生きていこうと決めました。

三つ目は、「誰にも話せない」と「悩みを共有できない孤独」を挙げました。先ほどのような状況では、周りの誰にも自分のことを話すこともできませんし、相談もできません。文野さんは、先ほど、「一八歳のときに生まれ変わった」とおっしゃっていましたが、私は、二五歳ぐらいまで本当に誰にも言えない状態が続いていました。親や家族もいるし、もちろん、友達もいっぱいいますが、本当の自分を知っている人は誰もいないところが結構つらかったと思います。

四つ目は、「カミングアウト」の問題です。トランスジェンダーの中でも、性別移行して生きていこうとする人たちは、多かれ少なかれカミングアウト、つまり「私はこういう者です」と、いろんな人に言っていかないといけません。カミングアウトは何回やっても緊張します。相手に拒絶されたり、変なことを言われたりしたらどうしようとか、これまでにその人と築いてきた関係性が崩れてしまうのではないかといったことと日々葛藤しながらカミングアウトしています。

私の場合、男性の恰好をしていたときは、「実は心は女性で」というカミングアウトをしていましたが、今はすっかり女性の恰好になったので、「実は元男性で」といった感じで、状況が変わると以前と逆の説明をしなければいけないのは、同性愛者の方のカミングアウトと性質が少し違うのかと思います。性別移行したからといって終わりではなく、これから会っていく人たちみんなに死ぬまでずっと言い続けなければいけないのは、私たちのような人間の宿命かと思います。

五つ目は、「パス度を上げる」です。「パス度」は、トランスジェンダーの当事者の間で使われる言葉です。性別移行したり、なりたい性別に見えるように見た目を近付けていく中で、周囲の人からバレない度合い、つまりパスする度合いを、「パス度」と言います。

私の場合は、会社でいきなりカミングアウトして、「明日から女性で出社します」という話になったので、それまでは女装もほとんどしたことはありませんでした。そこからいきなり女性の生活をしないといけない状況になったのでとても大変で、メイクを勉強したり、洋服を買いに行ったり、しぐさを勉強したり、周りの女性に聞いたりして勉強して、少しずつパス度を上げていきました。

カミングアウトしたての頃は、「週五」でOLをしないといけませんが、洋服がそんなにありません。「どうせばれないかな」と思い、ある日、上は男物のセーターで、下はスカートを履いていったことがありますが、速攻で同僚にばれて、「あんた、それ、メンズ物でしょう」と言われて、とても恥ずかしい思いをしたこともありました。「歩き方が男だね」とか「メイクが今日は濃い」などといろいろアドバイスをしてくれる周りの人たちに支えられて、少しずつ改善を行って今に至っています。

続いては、「生活の環境を整える」というテーマを挙げました。トランスジェンダーも人間なので、何かコミュニティーに属して生きていかなくてはいけません。たとえば、学校や会社で、望んだ性別で生きられるような環境を自分自身で整えていくことが必要になります。今日は女子大学がテーマですが、私は大学生のときはあいにく男子で押し通していたので、そのときの体験談みたいなものは話すことができず、会社での話になります。

私の場合は、メンタルクリニックに通い始めたときに、まずは会社の人事と上司に相談しました。将来的には女性として勤務していきたいという話をして、「いいよ」とは言ってもらっていましたが、タイミングがなかなかなく五年ぐらいたってしまいました。社内で異動するタイミングがあったので、そのときに思い切って、「女性として勤務したいです」と相談しました。

会社だと、名刺やメールアドレスなどに名前が入っていることがあるので、そういうものに対して、通称名の使用ということで女性名を使いました。そして、異動してきた日の朝礼で四〇〇人の前にいきなり立って、「実は私は性同一性障がいで、今日から女子としてやっていきたいです」という話をしたところ、社内がざわざわっとなり、しばらくざわざわしていました。

でも、みんな大人なので、面と向かって石を投げてくるとか、罵声を浴びせてくるようなことはありませんでしたので、そこは大丈夫だったかと思います。このようにして、私は、会社の中での性別移行を行いました。

七つ目は、「ホルモン治療や性別適合手術などの身体的負担（金銭的・時間的にも）」の問題です。先ほど、文野さんも、「手術をした」「ホルモン治療をした」と言われていましたが、トランスジェンダーの悩みとしては、自分の体がどんどん男性らしくなる、女性らしくなるという、自分が望まないかたちで成長していくのが結構嫌なので、それを改善する、和らげる、望んだ性に移行していくためには、どうしてもホルモン治療や、手術などが必要になります。

でも、これはあくまでも個人の自由で、やる人、やらない人がいますが、私は両方やっています。これをやると生殖器がなくなるので不妊になることと、ホルモンの分泌ができませんので、体の機能が低下するとか、体力が落ちるなどもありますので、体の負担が結構大きいと思います。

タイに手術に行きましたが、二〇〇万円ほどかかりましたし、タイに三週間行って、戻ってきてからも一、二カ月は働くのもままならない状態で、その間の生活費もきちんとためてから行かないと大変になります。

会社員ですと、休みを取るのも大変です。時期を調整して、夏休み、有休、いろいろあわせて休みを取ったのですが、仕事は終わりませんから、タイの病院で入院しながらもスカイプで電話会議したり、メールしたりなどして、何とか仕事も穴を開けずにやれましたが、とても大変でした。

八つ目は、「証明書の名前・性別と見た目の性の不一致」です。性別の移行が進んでくると、見た目と保険証や免許証に書いてある名前、性別の記載がおかしい状況になります。たとえば、病院に行くと、「本人ですか」と言われて、「本人です」というやりとりをやらなければいけませんし、マイクでフルネームで呼ばれて診察室に入っていくときは、「何の罰ゲームだろう」という恥ずかしい気持ちになります。

今の日本の法律だと、一定の要件を満たせば戸籍の性別や名前を変更することができるので、実は、私も、今その手続きをしています。制度があることはとてもありがたいですが、性別を変えることはとても大変で、ひとつひとつの手続きをいろんな所でしなければなりません。時間もお金もとてもかかるので結構つらいことだと思います。

最後、九つ目は、「一生消えない男だったという事実といつまでたっても本当の女性にはなれないという現実」です。少し悲しいことを書いてしまいましたが、今の日本でできる性別適合手術や戸籍の変更までは、私は一気にやりきりました。やりきって少し安心した面はありました。だけど、ふとわれに返ってみると、もともと男だったという事実は隠しても隠し切れませんし、これから会う人たちにもずっとカミングアウトしていかなければいけません。

一応、女性として男性と結婚することもできますが、子どもを宿すという機能は、私の体にはありませんし、嫁が元男性というのはなかなかドラマチックで、そういうことを許容してくれる家庭はなかなかないのではないかというのは現実としてあります。ここは、当事者として割切ってどこで満足できるかというか、どこで自分を受け入れられるかが大事なのではないかと思います。

今までは、私は自分のことがとても嫌いでしたが、最近はなるべく自分のことを認めてあげようとか、自分を好きになろうと思っていて、人とは少し違う人生ですが、楽しく、それなりに生きられたらいいなと今は納得してやっています。

駆け足で私の経験した九つの悩みを挙げました。ただ九つの悩みは、たまたま私が経験した悩みというだけで、当事者すべてがこの悩みを持っているわけではないことはご理解ください。私自身も当事者ですが、経験していない辛さとか悩みとか、ここに書いていない悩みがいっぱいあると思うので、そこはなるべくいろんな人の話を聞くなどして勉強していきたいと思います。

最後に、本日の私の話のまとめを三つ挙げます。

一つ目は、「トランスジェンダーの悩みは常に同じではない。同じ人でも時期やステージにより変化する」です。先ほど、私の性別移行の話をしましたが、男性だったときと女性だったときと移行中のときは、それぞれ別の悩みを抱えているもので、「トランスジェンダーだからこういう悩みあるよね」みたいなことを言っても、なかなかすぐに理解されないこともあります。同じ人でもいろいろな時期にいろいろな悩みを持つことを理解してください。

二つ目は、似たような傾向はあるものの、その人の思考、置かれた立場、育ってきた環境によって全員違うので、いろいろなトランスジェンダーの人がいるということです。私の話を聞いて、「トランスジェンダーの人のことを理解した」と感じるのは危険だと思いますので、そこだけは注意してください。

最後の三つ目です。これは、最近はありがたいことに、教育現場、企業、行政などで、トランスジェンダーの当事者に対して何かしらサポートしていきたい、対応していきたいという非当事者の方が増えてきました。彼らからいただく質問として、「トランスジェンダーの対応をどうしたらいいですか」といったようなことがあります。

差別禁止の条項を作るとか、制度を整えるといったようなことはもちろん大前提でありますが、それぞれの本当の悩みは人によって違うので、こうすれば絶対大丈夫というようなことはありません。まずは「差別・偏見をなくすこと」と、当事者が何か話したいとか困ったときに話を聞いてあげるなど、「何かあった時に相談に乗ってあげられる体制作り」が大事になってくるのではないかと、私自身は思います。

ありがたいことに、私のような人間をこの場に呼んでいただき、こうして世の中でトランスジェンダーについての理解が広がっていくことはとてもうれしいことです。それによってほかの多くのトランスジェンダーの人たちの生活が少しでも明るいものになっていけたらいいなと思い、今日は私の恥ずかしい経験を話しました。短い時間でしたが、ご清聴ありがとうございました。

トランス学生支援からみえてきたこと——ICUでの経験

田中かず子

ただ今ご紹介にあずかりました田中かず子です。どうぞよろしくお願いします。今、お二人の講演者の話を聞いていて、胸がいっぱいになりました。

私は、三年前に国際基督教大学を定年退職しましたが、在職中には、キャンパスセクシュアルハラスメントの「ICUセクシュアル・ハラスメント等人権侵害対策綱領」を作成したり、人権委員会の体制を作ったり、ジェンダー研究センターを作ってジェンダー・セクシュアリティ研究プログラムを立ち上げたりして動いてきました。今、お二人の話を聞いて、何が私を突き動かす原動力になったのか、お話ししようと思いました。

一九九〇年代の中頃に、あるゲイ男子学生から、「キャンパスで性的マイノリティの学生たちと会う機会がないので、学生サークルを作りたいから力を貸してほしい」と頼まれました。そこで、私の研究室を連絡先とした「セクシュアリティについて考える会」を立ち上げました。

その会合に一人の卒業生が参加してくれました。彼女は社会学専攻で、名前もよく知っている人でした。その彼女が私に、「大学生になったとき、自分がレズビアンだということを引き受けようという気持ちになったけど、国際基督教大学の四年間、ずっと孤独だった」とカミングアウトしてくれたのです。「ずっと孤独だった」と言われて、私はショックで頭の中が真っ白になりました。

私は性的マイノリティのこと、特にレズビアンのことはよく知っていると思っていたのです。大学院生の時、私のオフィスメイトはレズビアンで、レズビアンコミュニティーのリーダー的存在でした。彼女とはほとんど毎日オフィスで顔を合わせていたし、一緒に仕事をしていました。また、よくレズビアンコミュニティーの集まりに連れて行ってくれました。ですから私は、性的マイノリティのことはよく知っていると思っていたのです。しかし、先の卒業生が孤独だったことには全く気づきませんでした。自分は何もわかっていないという事実に愕然としたのです。ジェンダー、セクシュアリティと言いながら、「私は教壇に立って、何をやっているんだろう」と。「私は何もわかっていない」と突きつけられたその時の衝撃が、その後の私の原動力になっています。

私は担当する社会学の教科でジェンダー、セクシュアリティについて取り上げてきましたが、一九九〇年代の初めは、ジェンダーという言葉を使ったり、セクシュアリティやセックスの話をしたりするだけで、学生たちが引いてしまいました。ですから、飲み込みやすいようオブラートに包んで話をしていました。しかし、彼女の話を聞いた後は、学生がどんなに引いてもきちんと取り上げると決めて、すべての教科でジェンダー、セクシュアリティを全面的に取り上げることにしました。そうするうちに、クラスの中で学生たちがカミングアウトしてくれるようになりました。

しかし、その学生たちは、私にはカミングアウトしますが、キャンパスではカミングアウトしていません。ICUは小さな大学ですが、私はキャンパスで常時一五、六人の性的マイノリティの学生を知っていました。その中でも数ではゲイ男子学生が一番多かったです。当時英語圏ではLGBTという用語が使用されるようになっていましたが、私はトランスジェンダーのことがあまり理解できていませんでした。もちろんカミングアウトする学生の中には、トランスジェンダーの学生もいました。「自分は女の子として生まれたけれども、自分は女の子ではない。じゃあ、男の子かっていうと、男の子でもない。自分は何者なのかと問うのが苦しい」と話してくれた学生がいました。その学生が、ある日授業が終わり黒板を消している私のところにきて、「先生、知っていますか。Xジェンダーっていうのがあるのですよ。私一人じゃなかったのですよ」と目をきらきらさせながら話してくれました。インターネットで調べたと言うのです。それまでうつむき加減のおとなしい学生という印象でしたが、

「先生、それを調べてみてくださいね」と言って去っていく後姿は生き生きしていました。よくわからないで聞いていた私ですが、この学生との出会いも私を突き動かす力となっています。

お二人の話を聞きながら、そんないろんな場面を思い出し、そのときの自分のモチベーションに触るような感動に心を動かされました。今日、私に与えられたテーマは、「トランス学生支援からみえてきたこと――ＩＣＵでの経験」ということですから、今日は性的マイノリティ全般というよりもトランスジェンダーに焦点を当てるかたちで話します。

ＩＣＵにおける取り組みの特徴の一点目ですが、ＩＣＵでは、一九九八年に「ＩＣＵセクシュアル・ハラスメント等人権侵害対策綱領」を作成しました。今では「セクシュアル・ハラスメント等」が取れて、「国際基督教大学人権侵害防止対策基本方針」と変わっていますが、この人権侵害の定義の中に、差別事由の一つの例として「性的指向」という言葉を入れることができました。これにより、性的マイノリティの問題を人権問題として位置づけることができるようになりました。

その当時、セクシュアル・ハラスメント防止に関してのポリシーを大学で作ってほしいと要求していましたが、大学はなかなか動きませんでした。しかし、「人権侵害ということで、ポリシーを作ります」と引き受けてくれたのです。今から考えれば、人権問題として位置づけることができたのですから、結果としては良かったと思っています。

国連は二〇一一年に、「性的指向、性自認に関する決議」を採択し、二〇一二年に報告書を出しましたが、明確に性的マイノリティの問題を人権問題と位置づけています。また、日本の人事院でも、厚労省が作成しているセクハラ指針（事業主が職場における性的な言動に起因する問題に関して雇用管理上配慮すべき事項についての指針）の中に、「ＬＧＢＴ等の性的マイノリティ」という文言が入りました。ですから、当時人権問題として位置づけることができたのは、結果的によかったと思っています。

学内において性的指向を人権問題として位置づけたことで、性同一性障がいの学生が直面している困難も、当然に人権問題として検討し対応することができました。具体的には、二〇〇三年に性同一性障がい学生の学籍簿の名前と性別の変更ができるようになりました。

そのきっかけを作ってくれたのは、受講生の一人であった性同一性障がいの学生でした。「自分は男性だ」という明確なアイデンティティーを持っていて、どんな困難があるのか話してくれました。その学生が一番つらいことは、自分は男性として人間関係を作ってきているのに、大学に来るたびに、「おまえは女だ、おまえは女だ」とつきつけられることでした。戸籍名が明記されているメールボックス、ファーストネームで呼ばれる英語の授業など、大学のシステム、キャンパス文化が自分のアイデンティティーをずたずたにする。ある人から人権侵害を受けたというのではなくて、大学そのものが人権侵害を起こしている。しかし彼は、大学のシステムを変えるなんてできるはずはないから、言っても無駄だろうと考えていました。個人的なことなので、ここは自分が我慢するしかないだろうと思い込んでいたのです。この学生から話を聞いていく中で、私は、これはまさに人権問題だと考えました。望む名前と性別でキャンパスライフを送りたいという強い希望がありましたので、彼の希望に沿うよう人権委員会に申し立てをすることになりました。

当時、大学は戸籍主義をとっていましたので、結婚したり、養子縁組をしたり、家庭裁判所で名前が変われば、戸籍の変更にそって大学の学籍簿を変えていました。性別の変更というのは考えてみたこともなく、戸籍主義を逸脱してもいいのか判断できず、当時の文部省に問い合わせたところ、「そのようなことは、大学で独自に検討してください」と投げ返されたのです。だったら、変更できるのではないかと議論を重ね、二〇〇三年の秋学期に変更できる仕組みを作りました。その学生は、二〇〇四年三月に新しい名前の入った学生証で卒業していきました。

この時、性同一性障がいの学生による問題提起を受けて、学内で配布している書類や証書を全学的に見直し、不必要な性別欄は削除するということになりました。それまであまりにも当然に、名前と性別はセットで記載され、性別を不明とすることなど考えてもみないことでした。もちろん、クリニックなど性別が必要だという部署には性別欄のある名簿が配布されていましたので、基本的に性別欄を削除するという方針によって不都合なことは何も起きなかったのです。この決定は特に性別違和のある学生にとって重要な意味を持っていました。実行には難しいことも多々あったと思うのですが、自発的に決断しリーダーシップをとってくれた当時の事務局長には感謝です。

二点目は、個々人の取り組みを制度化することです。これは、「institutionalization」という言葉を「制度化する」と訳しました。ソウルにある梨花女子大学では、女性学がすばらしい活力のある学部として存在し、多くの女性学を学んだ学生や院生を輩出しています。その梨花女子大学の女性学研究者が、アジア八国から女性学研究者たちを集めて、九〇年代後半から継続的に会合をもってきました。その会合に参加させていただき、私は多くのことを学ぶ機会を得ましたが、その中でも制度化することの重要性に関して大きな示唆を受けました。「個々人での対応にとどまっていては、その人がいなくなるとすべて雲散霧消してしまう。そこに集まっていた情報、アイデア、人間関係など、その人がいなくなると、ばらばらになって失われてしまう。その人がいなくなっても、さまざまなリソース（資源）を積み上げていくことができるよう、制度化することが必要だ」というのです。私は本当にそうだと思いました。

この「制度化」が重要だという思いが、ジェンダー研究センター（CGS：Center for Gender Studies）の開設に向けた私の強い動機としてありました。CGSは、大学の中では七番目の研究所レベルの組織でしたが、研究者のための組織ではなく、第一義的に学内外に開かれたコミュニケーション・スペースとして開設しました。

そのとき、性的マイノリティの学生たちを中心に位置づけました。性的マイノリティの学生たち「も」ではなく、性的マイノリティの学生たち「が」当然に存在するセンターとして、性的マイノリティの学生たちを明確に中心に置くかたちで、センターを運営することになりました。これは私の強い思いでしたが、もちろん反対する人はいませんでした。

そういうセンターの「場」があると、そこにはリソース、人や情報が集まってきます。この「場」の力は、すごく大きいです。人の顔が見える関係ができ、人がつながることにより、いろんな化学反応が起こります。常にダイナミックに動いていく「場」としてのCGSは、ジェンダー・セクシュアリティ問題へのいろいろな取り組みの拠点になっていきました。

CGSを拠点としてさまざまな活動をしてきましたが、一〇年経って振り返ってみると、「え？　まだみんな知らないの？」と思うようなことがたくさん出てきました。たとえば、性同一性障がいの学生は、変更要件を満たせば学籍簿を変更することができます。しかし、そのことが大学の中であまり知られていません。実際に変更過程に関与した人は、その手続きに関しては知っていても、その前後でどう対応しているのかは知らない。多くの人が、「できるようですよ」と口コミレベルでの情報提供しかできないのです。ほかにも、「クリニックでも個別対応しているみたいですよ」とか、「体育の実技でも個別対応しているみたいですよ」とか、あやふやな情報しかなくて、当事者の学生は、自分で一から全部調べなければいけない状況に置かれていることがわかったのです。

そこで、CGSのスタッフが中心になり、キャンパスにどんなサポートシステムや制度があるか洗い出そうとしましたが、なかなか難しい作業でした。関係者と思われる人たちに取材をしていって、ほとんどが個別対応で制度として確立しているわけではないことがわかってきました。

二〇一二年、トランスジェンダーの学生への制度面でのサポート情報を集約し、「LGBT学生生活ガイド in ICU トランスジェンダー／GID編」を作りました。今、八版まで出ています。学籍簿の氏名・性別記載変更のこと、大学の証書の性別記載はどうなっているのか、体育の実技のこと、健康診断のことなど、学内での対応がどうなっているのかを日本語と英語でまとめました。それぞれの部署の裁量の範囲内で、学生へのサポートとして個別対応している場合、「○○ができる」という確定的な文章にはかなりの抵抗がありました。

まとめた当時は、「こんなにしょぼい内容のものですけど、いいんでしょうか」とどきどきしながら報告したようですが、開けてみたらかなり好評でした。どこに行ったら何ができるかがわかるということで、学生たちにも好評でしたが、実は、学内で学生に対応している教職員に大変好評でした。「『これについては、どこに行けばいいんですよ』と学生にきちんと言うことができるので、すごく助かる」「自分が担当した仕事はわかるけれども、それ以外のところでどう対応しているのか全くわからなかった。はじめて全体の動きがわかった」などという反応がありました。学外からも、かなりの問い合わせが来たと聞いています。

このように、制度面での情報を集約し、対応を可視化してつなげていくことは、すごく重要だということをそのときに学びました。

二〇一四年には、トランスジェンダーの学生への対応について、この一〇年間の変遷について特別座談会を行い、学内の関係部署の人たちと情報を共有しました。座談会の記録は、CGS Online で読むことができます。この場の結論は、大学がそのスタンスを明確にしていないことが、非常に大きな問題だということです。たとえば学籍簿の変更に関しても、一〇年以上の経験があり申請はすべて承認されて、申請時または申請後に問題となったことは、私の知る限り一度もありません。しかし大学のスタンスは、基本的にケースバイケースでの対応にとどまっています。

ＣＧＳは、性的マイノリティの問題に取り組んできましたので、当然トランスジェンダーの学生たちも相談に来ます。しかし、ＣＧＳのスタッフは、カウンセラーとしてのトレーニングを受けているわけでも何でもありません。ただ話を聞くだけですが、近年シリアスな相談が多くなってきました。このような状況を受け、ジェンダー・セクシュアリティ問題に関する特別な相談窓口の必要性を大学に訴えて、二〇一四年にジェンダー・セクシュアリティ特別相談窓口を設置しました。この窓口は、人権委員会のもとにおかれ、全学的に位置づけられて

います。(1)

一〇年以上活動してきて、今現在、かなり大きな壁にぶつかっていることがわかってきました。一つは、性的マイノリティの人たちが置かれている抑圧的状況は人権問題として位置づけたにもかかわらず、当事者が人権侵害だと申し立てることが非常に難しいという現実です。

ホモフォビック、(2)トランスフォビック(3)なキャンパス文化は変わっていません。名前や性別を変えることができるとか、個別の対応をすることで苦痛を軽減するための手当てはしてきましたが、本質的にキャンパス自体が変わったわけではありません。そのような状況の下で申し立てをすることは、不本意なカミングアウトとか、アウティング(4)される危険性など、リスクがとても高いわけです。当初私は、人権相談員や人権委員会の敷居を低くして、「人権侵害かなぁ？」と感じたらいつでも相談することができるようにすれば、だんだんキャンパスも変わっていくのではないかと、楽観的に考えていました。しかし、そうはならなかったのです。

さらに、「人権侵害の申し立てがないことは、人権侵害がない」ということになってしまうのだ、ということにも気づきました。この問題にどう対処していったらいいのか。私たちは大きな壁に直面し、今までやってきたことの限界が見えてきました。もちろん、目の前にあるニーズにちゃんと対応していくことは必要ですし、重要なことです。これまでやってきたことは無駄であったというわけではありませんが、それだけだと限界なのだ、ということを突きつけられているのです。

いろいろ議論していくなかで、私は、問いの立て方が問題なのではないかと考えるようになりました。私はこれまで、性的マイノリティの問題、として考えてきたのではないだろうか。マジョリティの私は、性的マイノリティの人たちが直面している問題を、肌感覚で理解することができない。だから当事者のマイノリティの人が人権侵害だと申し立てることができるようにすれば、それによって環境を変えていくことができると、単純に思っていました。でも、性的マイノリティの人が申し立てること自体が難しいのです。

ならば、マジョリティが当事者となるような問いを立てるべきなのではないか。性的マイノリティへの差別や偏見をうみだす文化や構造に対して、マジョリティが当事者としてどう抗っていくのか、というふうに問いを立てていかなければいけないのではないのか。そこでまず、マジョリティがやらなければならないのは、マイノリティの人たちが声を挙げることができる空間や状況を作っていくことです。これはマジョリティの責任です。マイノリティを「支援する」のではなく、マジョリティは自分の問題としてこの抑圧構造に向き合う必要があります。

このように、「この状況を作っている当事者として、マジョリティはどう対応していかなければいけないのか」という問いの立て方をしなければいけない。マイノリティの問題ではなく、マジョリティの問題へと問いをシフトしていく、そういうステージにあるのではないか、と考えています。

二〇一二年に作った「ＬＧＢＴ学生生活ガイド in ＩＣＵトランスジェンダー／ＧＩＤ編」は、その後に進化して二〇一六年には「やれることリスト１０８ at University」ができました。一〇八は煩悩の数です。法律を変えなくても、大学ができることがあるはず。それをとにかく洗い出しました。これは、前の「生活ガイド」とはちがい、大学全体の在り方を射程に入れています。CGS Online に行けば、皆さんも読むことができます。

大学で何がどれだけできているのか、できていないのか。このリストを使って何人かの人たちに評価してもらうと、ＩＣＵはほとんどなにもできていないという結果になりました。また、教職員と学生では見方や評価が違います。情報へのアクセスがある人か、ない人か。マイノリティ当事者なのか、そうではないのかでもちがいます。そしてこの評価の違いが、今後の活動にとって重要なヒントになるはずです。課題が山積みなのですが、これからはキャンパス全体の問題として取り上げていかなければいけないと思っています。

簡単にまとめますと、ＩＣＵの経験からみると、性的マイノリティの問題を人権問題と位置づけたことはよかったけれど、マイノリティの問題としている限り、マイノリティを抑圧している構造を問題にできない。マイノリティの問題ではなく、これはマジョリティの問題として取り組む必要があるのではないか、ということです。
ご清聴どうもありがとうございました。

注

（1）なお現在、ジェンダー・セクシュアリティ特別相談窓口はカウンセリングセンターの中に位置づけられている。
（2）ホモフォビアの形容詞。ホモフォビアは、LGBTQに向けられる、恐怖、無知、不寛容など否定的な態度や行動。出典：ダニエル・オウェンズ＝リード／クリスチャン・ルッソ著、金成希訳『LGBTの子どもに寄り添うための本―カミングアウトから始まる日常に向き合うQ&A』白桃書房、二〇一六年、一九七頁。
（3）トランスフォビアの形容詞。トランスフォビアは、ジェンダーに対する自己認識や表現が、社会的慣習に従って、自分に割り当てられた性別と「一致」していない人に対する恐怖、無知、不寛容など否定的な態度や行動。出典：同右、一九六頁。
（4）他人による同性愛者であることの暴露。出典：『ジーニアス英和辞典 第五版』大修館書店、二〇一四年。

アメリカの女子大学におけるトランスジェンダー学生の受け入れをめぐって――セブンシスターズを中心に

髙橋裕子

皆さん、こんにちは。津田塾大学の髙橋裕子です。今日はどうぞよろしくお願いします。私自身、現在、津田塾大学の学長を拝命していますが、今日お話しすることは、一研究者としての考え方ととらえていただきたいと思いますので、どうぞよろしくお願いします。

私自身は、アメリカ女性史や家族史あるいは教育史の立場からアメリカ研究の分野で研究を行ってまいりました。とりわけ津田梅子も学んだ、アメリカ合衆国（以降、アメリカと記す）の歴史的に重要なセブンシスターズカレッジ[1]といった大学がなぜできたのか、どのようにしてできたのか、誰がつくったのか、どういった教育方針を持っていたのかを勉強してきました。このうちの五つが、今も、女子大学ですが、二一世紀になった現在においても、なぜ女子大学が必要なのかといったことを歴史的に研究しています。

私は、二〇一二年から二〇一四年にかけ、ウェルズリー大学でフルブライト[2]の客員研究員として過ごしました。そのときは、なぜウェルズリー大学が女子大学として躍進しているのか、どのようなカリキュラムに力を入れているのかを、長期間その場に身を置いて見聞してきたいと思いました。

そういった中で、女子大学が最も力を入れているのは、リーダーシップの養成であることがわかりました。ヒラリー・クリントンもウェルズリー大学の卒業生です。ヒラリーは大統領選では負けましたが、特に政治の分野に女性を押し出す手法については、特段のカリキュラムを展開していることを学びました。

一九六〇年代末から一九七〇年代の初めにウェルズリー大学で「男女共学論争」がありました。一二カ月にわたる調査にもとづいて、委員会のメンバーは、「男女共学にするべきだ」という判断をしたにもかかわらず、理事会がこれを覆しました。女子大学を維持することを決定した歴史的な経緯はどういうことだったのかをつぶさに追う研究を古文書館で、私自身は行っていました。

ちょうどその頃に、ウェルズリー大学を「女子大学」と呼ぶことに違和感を持つ学生が中にいるとか、ウェルズリー大学の学生を「シー（ｓｈｅ）」で呼ぶこと、あるいはウェルズリー大学の学生たちに呼びかけるときに、「シスターズ」という言葉を使うことが政治的に正しくないという発言をする学生たちがいる、また、マジョリティの学生たちもそういう言葉を使うべきではないという意見を持っているという話を耳にするようになりました。実際にトランスメン[3]の学生にもウェルズリー大学でインタビューをすることができました。『ニューヨークタイムズ』紙に報道された、トランスジェンダー学生をめぐる入学許可論争が、二一世紀型の新しい共学論争になるとも考えました。

二〇一四年四月初めに私が帰国したあとに、アメリカのこれら女子大学群はトランスジェンダー学生に関するアドミッション・ポリシー（入学者受入方針）を文書で次々に公開していくことになりました。私自身が滞在している間にはまだ文書化されていなくて、アドミニストレーター（管理的職員）たちにインタビューしたときにも、「文書化することが必要だ」と話していたので、ちょうどそのことがいろいろ議論されているときに、私はこの大学に滞在していたことになります。

女子大学の歴史をひもといてみると、「女性同士の関係性が称揚されていて、これが自然なことである」と一九世紀末は考えられていました。女性同士が一緒に世帯を持って、啓発し合いながら生涯を共に暮らすというライフスタイルは、「ボストンマリッジ」と言われて「普通」のこととして考えられていました。そういうことが女子大学の中には一つのサブカルチャーとしてあったわけですが、私自身が滞在していた二〇一三年から一四年にはトランスジェンダーの学生の入学の許可をめぐって論争が起きるようになっていたのです。それは大きな問題になっていました。

つまり、入学するときに、自分自身を女性であるとしていた学生が、入学後に男性のアイデンティティーを選び取るようなケースが出てきた場合はどうするのか、また入学前に、生まれたときの性は男性とされたけれども、アイデンティティーとしては女性と思っている学生についてどのような対応をするかといったことが検討されるようになってきたわけです。

言葉では「セクシュアル・マイノリティ」と言っても、とりわけトランスジェンダー学生を女子大学という空間に包摂するのか、あるいは排除するのかということが議論になってきました。女子大学では女性が十全にリーダーシップを発揮できる安全なスペースであるということに大きな価値を置いているので、トランスメンの学生が女子大学の中でリーダーシップを発揮し始めたら、女子大学の存在意義はどうなるのかといった疑問も出されるようになりました。

とりわけアメリカでは人種の問題も大きく関係していますので、そのトランスメンが白人男性だったらどうするのか、女子大学で白人男性がリーダーになることになれば、女子大学の存在意義はどうなっていくのか、というポイントです。アメリカでは、白人男性が圧倒的に大きなパワーを持っているので、女性がその偏った力を切り崩していったり、中枢に入っていくための自信や実力をつけたり、リーダーシップを発揮する場として女子大学の意義が認められているのに、その女子大学のリーダーに白人男性がなってしまっていいのだろうかという議論もありました。

『ニューヨークタイムズ』紙でこの時期に記事がいろいろ出てきましたが、私自身もこの『ニューヨークタイムズ』紙にインタビューされている学生に話を聞くことができました。彼は、「自分自身学生としてウェルズリー大学で学んでいるけれども、女子大学は女性のためのスペースであるということは第一義としてあると思う」、さらに、「だからこそ、たとえば、寮の中で女子だけで集まったりする際に、自分が入れない空間があることは十分理解できる」と述べていました。

しかし、ではなぜ自分がウェルズリー大学を選び取ったのかという理由を次のように説明していました。トランスジェンダーの学生にとって、ウェルズリー大学というキャンパスが安全な場所であるということ、これはアメリカ特有の問題があると思いますが、「ヘイトクライム(4)」という問題が、キャンパスの中でも、暴力というかたちでセクシュアル・マイノリティへの攻撃があるので、セーフプレース（安全な場所）であることが自分にとっては非常に大きな要素であると。

併せて、女子大学の中では、ジェンダー研究がクラスルームの内外において豊かに展開されていること、そのようなコミュニティーの中で自分自身が育まれることを大切にしたいという思いから、話を聞いたこのトランスメンの学生はウェルズリー大学を選択したのだと説明してくれました。

つまり、「矛盾するような話だけれど」と、その学生は言っていましたが、「女性だけの空間を持つことはとても重要である。そういう場所であるからこそ自分自身がトランスする力と勇気を得ることができた」と強調していました。

人種の問題であれば、人種の壁を乗り越えるときには、自分の親たちが同じ問題を経験していて、自分はこのようにして乗り越えたのだと、一番近い親がサポートできるわけです。

しかしトランス学生の場合では、一番近しい親が、自分自身が体験したことのない壁を乗り越えていく子どもをサポートすることができないという意味で、人種とトランスジェンダーの問題は似ているようで、ここが大きく違う点だという指摘を受けたことがあります。

私が滞米していた少し前ですが、スミス大学という歴史的に重要なセブンシスターズの一つの大学においても、ファイナンシャルエイド、つまり奨学金の書類に、男子という選択肢を選んでいた学生が志願していたことが判明しました。この学生については彼女と言うべきで、彼女は女性というアイデンティティーを持っていたのだけれども、ファイナンシャルエイドでは男子にチェックを付していたので、大学が志願者のリストから外してしまったということがあったのです。このことによって、学生たちが大反対運動を起こしたのが大きなニュースにもなっていました。

ウェルズリー大学の卒業式でも、学長が、〝our sisters〟と言わないで、〝our siblings〟というジェンダーニュートラルな名詞を使って「兄弟姉妹たち」と卒業する学生たちを表現したことを私が会ったこの学生はとてもうれしく思った瞬間だったとも話してくれました。

この学生は、中高校生のときから性別違和を持っていたけれども、女子大学だけに志願したそうです。この点は女子大学の関係者が、考えておくべき重要なポイントだと思います。生まれたときに女性とされたけれども、アイデンティティーは男性であるこの学生は、女子大学だけに志願した。マージナライズ（周縁化）された学生にとって、女子大学は何よりセーフプレースであるというところに女子大学の価値を置いていたということです。

それからクラスルームの内外でジェンダーの問題が中心に据えられる教育機関であることに女子大学の重要さを求めている点です。彼は、「ここほど自分がコンフォタブル（快適）になれる場所はなかった。だからこそトランスメンになれる強さを得られた」と強調していました。つまり、セクシュアル・マイノリティの学生をエンパワーする場所として機能していたということです。

次に、インタビューした教職員、主にアドミニストレーターの声を紹介します。この時期には文書が近いうちに出されるだろう、アドミッション・ポリシーを文書化しなければならないという話をしてくれました。学生募集のプロセスで卒業生が学生募集に加わってくれるわけですが、志願者をインタビューするときに、あるトランスジェンダーの卒業生は、「ウェルズリー大学のことを女子大学と呼ぶのに反対だ」という意見を述べ、いろいろコンフリクト（葛藤）があった経験を話してくれました。

また、卒業生によってはウェルズリー大学の同窓会報の受け取りを拒否する方もいるそうです。つまり、かつて女性であったということを完全に断ち切りたいという卒業生もいるということも併せてお話ししてくれました。

私が帰国してから、トランスジェンダーに関するアドミッション・ポリシーが二〇一四年から二〇一五年にかけて次々と発表されました。細かいアドミッション・ポリシーについては『ジェンダー史学』（ジェンダー史学会）の第一二号に拙稿でもっと細かく説明していますので、アドミッション・ポリシーについて、とりわけ女子大学の関係者でアメリカがどうなっているのかということをお知りになりたい方はそちらをご参照ください。

セブンシスターズの中で、マウントホリヨーク大学が最初に、トランスウーマン[5]や、ノンバイナリーピープルという、男女どちらにも性別をアイデンティファイしない学生について、明示的に応募資格があると、アドミッション・ポリシーで宣言しました。

次に、ブリンマー大学です。ブリンマー大学は津田塾大学と提携校ですが、「トランスウーマン、ノンバイナリーな人たちが応募時に女性というアイデンティティーを持ち、常に女性として生活をするものであれば応募資格がある」としました。両性具有[6]の場合でも、「自分自身を男性として考えていなければ応募する資格があるとブリンマーは考える」と文書で明記しました。誕生時に男性であっても女性というアイデンティティーを証明するべく、たとえば法的な書類手続きを取ったり、あるいは手術をしたりする必要は全くなく、自分自身のアイデンティティーが女性にあるということを重視する自己申告制の方針をこれらの大学は採っています。

マウントホリヨーク大学が一番オープンなアドミッション・ポリシーを採っています。マウントホリヨーク大学が、女子大学のコアバリューズ（核となる価値観）として挙げているのが、個々人の自由、社会正義、多様性、そしてインクルージョン（包摂）です。女子大学としての成り立ちにどのような特色があったかということを再確認して、これが自分たちのコアバリューズであるとはっきり明示して、女性とは誰かをアドミッション・ポリシーで述べているわけです。

女性というカテゴリーは、スタティック（静的）なものではなくて、流動的なものであったと述べています。歴史的に言うと、女性たちはそもそも、女性であるからという理由で高等教育からシステマティックに排除されていたわけです。身体の機能によって女性は高等教育という空間からシステマティックに排除されていた、そういう身体と考えられていたことを皆思い出そうということです。つまり、女性をバイオロジカル（生物学的）な機能に還元して考えることこそが女性の抑圧の基盤になっていたことを思い出さなくてはいけないと述べているわけです。だからこそ、ジェンダー・アイデンティティーは、身体に還元して考えられるべきものではないと述べています。

マウントホリヨーク大学の場合、次のように公式ホームページで述べています。マウントホリヨークという女子大学に応募できる人たちは、女に生まれて女と自認している人、女に生まれて男だと自認している人、女と生まれて、女でも男でもない、あとで詳しく説明しますが、アザー、ゼイ、ジィーと、特に何の性別とも自認していない人も応募できます。次に、男に生まれたけれども、女と自認している人も応募できる。生まれたときに男とされたけれども、アザーとかゼイとかジィーとしている人も志願できる。解剖学的に男性と女性両性具有で生まれて、女としてアイデンティファイしている者も志願できる。

では、唯一誰が応募できないかと言われたら、生まれたときに男だとされて、自分が男であることを一回も疑ったことのない人です。そのような人だけがマウントホリヨーク大学に志願することはできないと明記したわけです。

ですから、男に生まれて自分が男であることを一回も疑ったことがない人、実は、この集団が基本的にはアメリカ社会の中でも圧倒的なパワーを持っている人たちであるわけですが、そうではない人たちを包摂するということをマウントホリヨーク大学は宣言しました。

そのあと、ほかの四女子大はマウントホリヨーク大学とは微妙に相違点がありますが、それぞれのアドミッション・ポリシーを発表しました。もう一つの女子大学の動きとして紹介したいのは、西海岸にあるミルズ大学の例です。

ミルズ大学は、やはり女性の社会参画を力強く支援する女子大学として注目されている大学ですが、「トランス・インクルーシブ」という考え方を早くから打ち出していました。

この「トランス・インクルーシブ」という考え方は、女子大学が果たしてきた歴史を考えると、女子大学としてのミッション（使命）を消し去ることではなく、むしろ女子大学のミッションをアップデートする（最新のものにする）ことではないかとミルズ大学は示唆しています。女子大学がなぜできたか、誰を受け入れてきたか、どういう支援をしてきたかを考えると、「トランス・インクルーシブ」という考え方を、女子大学はむしろ積極的に採っていくべきであるという方針をミルズ大学は早くから表明しました。詳しくは、同大学の「ダイバーシティと社会正義委員会、ジェンダーアイデンティティーと表現のサブコミッティ」が作成した以下の報告書を参照して下さい。（"Mills College Report on Inclusion of Transgender and Gender Fluid Students : Best Practices, Assessment and Recommendations," pp.13-14）

二〇一三年に出たこの報告書は、私たちがファカルティー・ディベロップメント（ＦＤ）(7)やスタッフ・ディベロップメント（ＳＤ）(8)で使えるようなガイドブックのようなものになっています。その中では、学生支援をめぐる具体的な方策をかなり細かいところまで示しています。たとえば、寮の問題や、トイレの問題、名簿・卒業証明書、運動競技、ロッカールームなどといったことについていろいろ助言をしています。もう一つ、学生支援に関して、これは共学大学でもそうですが、授業の初回では、学生が使用してもらいたい名前と人称代名詞を自己紹介のときに確認しようと、ＦＤで話し合われているということです。

名簿の変更とか名簿の間違いというのは、学生が一番居心地悪くなるような状況をもたらすものであると、インタビューした学生は語っていました。教員や学生は、呼ばれたい名前をクラスルームでいち早く覚え、使ってくれるけれども、事務局から出てくる名簿が一番対応が遅いと言っていました。

その人が使ってもらいたい人称代名詞、「ＰＧＰ（プリファード・ジェンダー・プロナウンズ）」と言いますが、それをまずは初回の授業で述べてもらう。けれども、その中には私たちが中学校の頃から習ってきた「ヒー」とか「シー」とかだけではなくて、新しく作られた人称代名詞についてもジェンダーニュートラルな人称代名詞ということで紹介されています。

これはカールトン大学の例です。男性形の人称代名詞だと、「He laughed.（彼は笑った）I called him.（私は彼を呼んだ）His eyes gleam.（彼の目がきらりと光る）That is his.（あれは彼のものだ）He likes himself.（彼は自分自身が好きだ）」。次は、全部女性形です。「She laughed. I called her. Her eyes gleam. That is hers. She likes herself.」です。それらに対し、ジェンダーニュートラルの一つのやり方として、英語で「ゼイ（they）」を単数扱いとして使うやり方が出てきています。「単数のゼイ」というかたちで、「They laughed.」と言っても、その「ゼイ」が、性別を特定しないで指す。「I called them.」も性別を特定しないで指す。あるいは、ジェンダーを特定しない言い方だけれども、「Their eyes gleam. That is theirs. They like themselves.」など、これを単数として使う。

それから、これが全く新しいジェンダーニュートラルの造語で「ジィー（Ｚｅ）」です。Ｘジェンダーのために使われる言葉ですが、この「Ze laughed.」の、「Ｚｅ」は「Ｚ」の発音で「ジィー」と言います。「ヒー」と「シー」を交ぜていっぺんに言う感じで「ジィー」です。その次が、「I called hir.」、発音は「ヒヤ」、「ここ（here）」という発音の「ヒヤ」です。「I called hir.」と言ったら、ジェンダーはどちらも指していない。それから、「Hir eyes gleam.」、「ヒズ」でも「ハー」でもなくて、「ヒヤ」というふうに使います。それから、「That is hirs.」、「ゼアーズ」でも「ハーズ」でも「ヒズ」でもなくて、「ヒィアーズ」をジェンダーを特定しないかたちで使う。最後に、

「Ze likes hirself.」と使います。ですから、「ジィー」で自分を呼んでもらいたいということも初回の授業で述べてもらうということです。

アメリカでこのような調査をした後、日本に帰ってきて、河嶋静代さんや田中かず子さんと北九州でお会いする機会に恵まれました。日本で全国の大学における性的マイノリティの学生支援の状況について、北九州男女共同参画センター（Ｍｏｖｅ）が調査をした報告を聴きに行きました。この報告書を大学関係者の皆さんが読んだら、日本で学生支援の状況が、いかに立ち遅れているかがよくわかります。

アメリカでは学生支援の一環として、それぞれの大学がセクシュアル・マイノリティにとってどれぐらい居心地の良い大学かというランキングも行われています。つまり、セクシュアル・マイノリティの学生へのリソースが大学選びの条件になっていることもお伝えしたいと思います。

併せて学術的な動向においても、私自身が二〇一四年にバークシャー女性史学会でトロントに行った際、*Transgender Studies Quarterly* が発刊され、トロント大学での発刊記念のレセプションにも参加しました。この雑誌の編者はトランスメンとトランスウーマンの二人が務めていて、学術の分野においてもこのようなかたちで研究の発信が進展しています。

日常生活で私がボストンで経験したことですが、ドライバーズライセンスの取得を試みた際に気づいたことがありました。先ほど性別変更が大変だというお話がありましたが、運転免許証を変えるときに、「メールアドレスが変わりました」「住所が変わりました」「身長が変わりました」という箇所があります。「身長が変わりました」の上に、「ジェンダーが変わりました」という項目があります。このように「性別が変わりました」というのがさっと入っています。これも大変な手続きは必要ではなく、チェンジ・オブ・インフォメーション（情報の変更）として、日常生活の中で誰もが触れるものの中に差し挟まれているということも、私自身が日常の生活を通して経験したことでした。

最後にまとめになりますが、日本女子大学が、「『多様な女子』と女子大学」というシンポジウムをなさった背景には、女子大学がジェンダー平等を先導する役割を担っているという思いを持っていらっしゃるからということもあると思います。これについては、津田塾大学も同じように思っています。

先ほど田中先生のお話にもありましたけれども、社会正義や人権の問題として、トランスジェンダーの問題を考えていくということが重要であると思います。ノンバイナリーあるいはジェンダーノンコンフォーミングという、「男でも女でもない」と自認する学生、あるいは二分法ということ自体にコミットしない学生に対して、女子大学はどのようなスタンスをとるのかということは、私たちが早晩向き合わなくてはならない問題であろうと考えています。

併せて、女性が社会で、そして世界で多様な分野で参画できる力を女子大学では育成していきたい、そして、その自信と実力を身につける場として、女子大学が特色ある教育空間であり続けたいという思いも共有しておられると思います。

女性がセンター（中心）に置かれる経験をする空間が必要であるということは、アメリカの女子大学の最近の教育実践を見ても十分に確認されています。であるからこそ、「この大学は女子大学か共学大学かといったときに、セブンシスターズの大学アイデンティティーは、女子大学である、ウィメンズカレッジであると、自分たちは述べる」と宣言しているのです。

他方で、これらの問題が大学全体のミッションと結び付けられて女子大学において議論されているという点に、私たちは注目しなくてはならないと考えます。なぜなら、これが共学大学であれば、トランスジェンダー学生の受け入れは、大学全体のアイデンティティーに関わる問題とはならないからです。女子大学であるからこそ、トランスジェンダー学生の受け入れをめぐる検討は、大学全体のミッションの観点から、自分たちがこの課題にどのように向き合うのかということを考えさせるのだと思います。ジェンダー研究の分野で、バイナリー（性別二元論）の問題性が長らく批判されてきました。ポジショナリティー（立場性）を含め、大学という教育実践の場において、ジェンダー的にマージナルな状況に位置する学生をめぐって、これらセブンシスターズの五女子大学が具体的にアドミッション・ポリシーに反映させて、真正面から対応してきました。この局面に、アメリカの女子大学であるセブンシスターズが二一世紀に果たしている先駆的な役割を見て取れるのではないかと、私自身は考えています。

女子大学のコアバリューズとともに、トランスジェンダー学生の受け入れの問題をとらえるという視座を女子大学は持っていかなくてはならないと、私は一研究者として深く認識しています。津田塾大学では、この問題は、教授会や理事会の中ではまだ議論していませんけれども、私自身は、女性史・ジェンダー史の研究者として、そして、女子大学についての研究者として、女子大学は、どこから来て、どこへ行こうとしているのかということを研究している者として、今、このように考えているということです。ご清聴ありがとうございました。

注

（1）アメリカ合衆国東部にある名門女子大学七校の総称。七大学のうち、五校が現在も女子大学として躍進している。出典：『ジーニアス英和辞典 第五版』大修館書店、二〇一四年。

（2）フルブライト教育計画のこと。教育、研究者の国際的交換、留学奨励計画。アメリカ人と他国人との相互理解を、教育・文化の交流を通じて増進させることを目的とする。出典：『ブリタニカ国際大百科事典』ブリタニカ・ジャパン、二〇一四年。

（3）生まれたときに割り当てられた性別は女性だが、性別自認は男性である人のこと。出典：ダニエル・オウェンズ＝リード／クリスチャン・ルッソ著、金成希訳『LGBTの子どもに寄り添うための本―カミングアウトから始まる日常に向き合うQ&A』白桃書房、二〇一六年、一九六頁。

（4）特定の人種・国・宗教などに対する偏見・差別にもとづく憎悪による犯罪。出典：『ジーニアス英和辞典 第五版』

大修館書店、二〇一四年。

（5）生まれたときに割り当てられた性別は男性だが、性別自認は女性である人のこと。出典：ダニエル・オウェンズ＝リード／クリスチャン・ルッソ著、金成希訳、前掲書、一九六頁。

（6）はっきりと「男性」か「女性」かの見分けがつかない人を示す語。出典：ダニエル・オウェンズ＝リード／クリスチャン・ルッソ著、金成希訳、前掲書、一九八頁。

（7）大学教員が授業内容・方法を改善し向上させるための組織的な取り組みのこと。出典：中央教育審議会答申「学士課程教育の構築に向けて」二〇〇八年。

（8）大学の事務職員や技術職員など、職員を対象とした管理運営や教育・研究支援までを含めた資質向上のための組織的な取り組みのこと。出典：中央教育審議会答申「学士課程教育の構築に向けて」二〇〇八年。

［付記］本講演は、文部科学省科学研究費補助金基盤研究（C）「セブンシスターズの歴史と女性のリーダーシップ教育」（二〇一四－一七年度）の研究成果の一部である、初出の「トランスジェンダーの学生をめぐる入学許可論争とアドミッションポリシー―二十一世紀のアメリカにおけるセブンシスターズの女子大学を中心に」（『ジェンダー史学』第十二号、ジェンダー史学会、二〇一六年、五－一七ページ）をもとに修正を加えたものである。また、初出の同稿は、「トランスジェンダーの学生受け入れとアメリカの名門女子大学―もう一つの『共学』論争後のアドミッションポリシー」として、三成美保編『教育とＬＧＢＴＩをつなぐ―学校・大学の現場から考える』（青弓社、二〇一七年）二四七－二七三頁に若干の修正を加え、所収されている。

――質疑応答――

杉山文野氏　ご質問の中に、「ＬＧＢＴのＴとして、トランスジェンダーコミュニティーが抱える問題は何だと思いますか」というのがあります。

一番は、トランスジェンダーといっても多様だということです。今日は僕自身の体験を話させていただきましたが、やっぱり十人十色というか、一〇人いれば一〇通り、一〇〇人いれば一〇〇通り、それぞれのいろいろな思いもありますし、考え方の違いもあります。僕が一〇年前に、『ダブルハッピネス』を出したとき、当時は、「性同一性障がい」イコール「手術」みたいなイメージが非常に強いときでした。

まだ手術をしないで表に出て、割と楽しそうな人という感じで出たので、さまざまな当事者から、「手術をしなくても楽しそうに生きている文野くんを見て勇気をもらいました」みたいなメッセージもたくさんいただきました、一方で、「性同一性障がいで手術しないでも楽しそうなんて、おまえは性同一性障がいとして偽物だ。おまえは性同一性障がいを語るな」みたいなメッセージもたくさんいただきました。表に出ている人が少ない分、そういったＬＧＢＴの中にもある多様性というのがなかなか見えてこないというのが一番の課題じゃないかなと思っています。

次に、多分、教員をされている方です。「生徒の中に、もしかしたらトランスジェンダーかなという子がいるようですが、教員としてできることがあったら教えてください」という質問をいただきました。そういったことで悩んでいるのかなという生徒さん、友達が、中にもいらっしゃると思います。でも、「ねえねえ、君って、ＬＧＢ

Tなの？」と聞くわけにはいかないですが、言いやすい環境をつくってあげるのは、いいかなと。

セクシュアリティに関する書籍、絵本、学術書等は多いので、僕がお勧めしているのは、たとえば、「最近読んだ本で、こんな面白い本があったよ」と、コミュニケーションツールとして渡していただくことです。「あ、この先生にだったら、言うことができるかもしれないな」、「この友達だったら、言えるかもしれないな」というきっかけになると思います。

また、カミングアウトされたら、それは、「あなたのことを信頼しているのですよ」というメッセージです。ですから、まずは、「言いづらいことを、自分を信用して話してくれて、ありがとうね」というところからスタートして、具体的に困っていることがあるならば、「じゃ、どうしようか」という話になりますし、ただ話を聞いてほしいだけならば、話を聞くだけだしと。「いつでも話してね」という姿勢でいてくれるといいかなと。

でも、カミングアウトを受けたことを、その人に断りなく誰かに話してしまうことを「アウティング」と言うのですが、それは当事者が非常に傷つきます。学校で対応するときなど、ほかの先生とも共有しなくてはいけないときは、「ちゃんと対応したいから、ここの先生だけは共有するよ」と、そういったことを本人に確認していただいてから共有する分にはいいと思います。


S氏　「『これからもカミングアウトをし続けなければならない』とおっしゃっていましたが、それは、どのような相手にどういった理由なのでしょうか」と書いたご質問をいただきました。

私はなるべくカミングアウトはしたくないのですけど、ただ、私の場合は、会社にいるときに、ほぼ全社員がいる状態の前で一斉にカミングアウトをしているので、会社の中でほとんどの人がもう知っているという状況です。

会社の中で、後から入ってきた人や、取引先の人は、知っている人がいたり、いなかったりというのがあるのは、今、結構悩みです。誰にも知られず、隠し通すのだったら隠し通せばいいのですが、「あれ？　この人知っているのだっけ」と訳がわからなくなってしまい、もうわからないのだったら取りあえず言っちゃうというのはあるかなと思っています。

誰にも話さずに、女性として生きていくという道もすごく憧れるのですけど、そうなってくると、やっぱりうそをつきながら生きていかなければならない場面も多くなっていきます。たとえば女性の同僚から生理の話をされたり、「昔、女子高生だったのよね。」と言われたりすると、「うーん」みたいな、そういうちょっとしたうそをつき続けたりしないといけない。

本当に、いつアウティングされるとか、どこかの拍子でばれちゃうのではないかとか、今の時代、SNSやインターネット等、何でも情報をすぐ調べられるので、隠し通すことは、人とのコミュニケーションを最小限にして生きていかないと難しいので、それがまた、すごくストレスになります。隠し通すストレスとカミングアウトするストレスを天秤にかけたときに、カミングアウトするほうが楽だなと思って、私は、カミングアウトするようにしています。

田中かず子氏　「日本のゲイ・レズビアン運動において、当事者であることが運動に関わる条件のように語られてきました。その中で、当事者でない田中さんが運動するときに感じた難しさはありますか」というご質問です。

当事者ではないマジョリティの人間が、マイノリティの運動にコミットするのは難しい。かわいそうなマイノリティの人たちを救うという構図になりがちで、そうなる危険が大きいです。

マジョリティとしてやらなければならないことは、マイノリティを抑圧し声を奪っているわけですから、声を上げることができる空間や環境をつくることに体を張ってコミットすることです。そのとき、自分のもっている判断基準自体を、問い直す必要があります。ついつい自分の価値基準で判断してしまいますが、自分の、つまりマジョリティの価値観を押し付けていないか、常にチェックする必要があると思っています。当事者ではない私は、マイノリティの運動に直接コミットはできない。ですから、マジョリティとしての当事者意識をもって、ジェンダー・セクシュアリティの問題、性的マイノリティを抑圧している構造の問題に向き合うしかないと考えています。

次に、「ジェンダー・セクシュアリティ特別相談窓口を設置されましたが、この相談員というのはどのような専門性を持っていますか」というご質問です。

今現在、ジェンダー・セクシュアリティに関して専門的な知識を持っている臨床心理士の人が務めてくださっています。たまたま私たちの周りに、そのような方がいらしたので、CGSとして推薦したという経緯があります。今、週一回来ていただいているのですが、四五分のスロットがほとんど毎週埋まっているという状況です。

別の場所でこの特別相談窓口の話をしたとき、「そのようなジェンダー・セクシュアリティの専門的な知識を持っているカウンセラーはいないから、自分のところはできない」という反応がありました。それならば、カウンセラーの人たちにジェンダー・セクシュアリティの知識を持ってもらえばいいわけで、「だから、できないのだ」ということで終わらないでほしいと思います。

髙橋裕子氏　私のところには、「ジェンダー・アイデンティティーは変化することがありますが、女子大学に入学したあと、在学中に男性と自認が固まったというケースについてはどのように考えられ、どう対応されているでしょうか」という質問をいただいています。

先ほどご紹介しましたアメリカの女子大学は、「女子大学という大学アイデンティティーは重視する」と言っていますけれども、入学したあと、性別を女性から男性に変えた場合であっても、学位は出すことは明らかにしています。トランスジェンダー学生を「フルにサポートする」と明示的に述べています。また、もし他の大学に行きたければ、そういったサポートも併せて行うということです。これはこのアドミッション・ポリシーを出す前から、一度入学を許可した学生については、そのあと、たとえどのような性別をその学生が選び取ろうとも、学位は出すという方針で来ていると思います。

あと、もう一つ、「女子大学のミッションとはどういうものか、もう少し具体的に教えてもらいたい」という質問です。

このことを私は常に考えているわけですけれど、今でもジェンダー・エンパワーメント指数(1)やジェンダー・ギャップ指数(2)など、皆様もお聞きになったことがあると思います。とりわけ政治経済分野で女性は男性に完全に圧倒されており充分に力を発揮していないわけです。日本社会は特にそうです。アメリカも、そうです。

そういう中で、大学時代に、社会の中で、そして世界の中で、多様な分野で女性は参画していけるのだと思うことができるような実力と自信を持ったり、その可能性を信じたりすることが大切です。そして、女性が女性の力を信じること。このように、女性が自分の力を信じられるような教育空間を大学の中につくるということが、今でも女子大学のミッションであると思います。

そのミッションをアップデートしていくには、女というものが指し示すものにバリエーションがあるということを認識することが必要です。多様な女性の在り方を包摂していく過程で、マージナルな所に位置している人たちが、もっと力を得て、自分たちの力を信じて、世の中を変えていける、そういうエージェントになれると信じられるようになることが、女子大学のミッションであると私はこれまでの研究を踏まえて考えております。

田中かず子氏　髙橋先生から女子大学のミッションについてのお話があり、大変触発されました。日本の主要な女子大学は、百年以上の歴史的蓄積があります。その中で培われてきた女子大学のミッションとは、社会的に抑圧される立場にある女性が、女性として自己肯定する経験を通して、自分を信じる力を身につける機会を提供し、さらに抑圧的な社会を変えるために行動できる女性を、社会に送り出すことでしょうか。このようなミッションがキャンパス文化として豊かに醸成され、確固として根づいてきたという実感が満ち満ちているのではないでしょうか。

アメリカの女子大学では、女子大学の存在意義を確認しながら、どこまで女子として受け入れるのか、苦慮しながらその結論を出してきている、とお話がありました。しかし、受け入れる女子とは誰なのか、どこに線引きをするのかという問題に終わらせてはいけないのではないでしょうか。線引きすれば、必ず排除する力が働きます。今は想像できないかもしれないけど、いずれ新たな排除の問題が出てきます。ですから、究極的には、線引きをしない、女子大学という名前はそのまま残して、性別要件を外す、というところまで射程に入れて考えていくべきだろうと思います。

私がここまで言ってもいいのではないかと思ったのは、女子大学の存在意義、ミッションについて髙橋先生の熱い思いをお聞きしたからです。そのようなミッションを建学の理念として掲げて百年以上の歴史的蓄積があるのであれば、性別要件を外しても大丈夫なのではないでしょうか。もしも男性が入ってきても、男性に支配されるようなことにはならないでしょう。これまで培われてきた女子大学のミッションが、それを許さないでしょう。もちろん、すぐにということではないでしょうが、性別要件を外すことまで射程に入れて、女子大学の存在意義を検討していくべきではないかと考えています。今ここで何ができるのか、だけでなく、どこに向かっていくのか、という方向性もしっかり考えていくべきだろうと思います。

注

（1）政治分野及び経済分野への女性の参画を示すものであり、国会議員に占める女性の割合、管理職に占める女性の割合、専門職・技術職に占める女性の割合及び男女の所得推定を用いて算出される。出典：内閣府男女共同参画局ホームページ URL：http://www.gender.go.jp/index.html。

（2）各国における男女格差を測る国際的指数。本指数は、経済、教育、政治、保健の四つの分野のデータから作成され、〇が完全不平等、一が完全平等を意味している。出典：同右。

あとがき

藤田　武志

二〇一五年に、渋谷区でいわゆる「パートナーシップ条例」が成立したとき、性別を入学要件にしている女子大学は、トランスジェンダー学生の入学について問われることになると思いました。その年の一二月、とりあえず人間社会学部として検討を始めようと、当時の山田忠彰学部長の後押しのもとで動き始めることにしました。当時の私たちは知らなかったのですが、ちょうど同時期に、トランスジェンダー児童の受験の可否について本学の附属中学校に問い合わせがありました。その後、附属中学校の件について大学として検討することになり、人間社会学部の動きも全学的なものとつながっていきました。

トランスジェンダー当事者の方々にお会いしてお話をうかがったり、いろいろな文献を読んだりしていくなかで、多くの人に情報をお知らせするとともに、広く議論を始めていく必要性を感じ、公開シンポジウムを企画しました。シンポジウムの準備を進めていく段階で、「女子」自体が多義的で多様であることに気づかされ、シンポジウムの題は「『多様な女子』と女子大学」としました。

トランスジェンダー学生の受け入れをめぐっては、世田谷区議会議員の上川あやさん、東京大学教授の安冨歩先生、国際基督教大学ジェンダー研究センター（当時）の加藤悠二さんからも、とても貴重な情報やご意見をうかがうことができました。また、藤村朝子さんと宮地さつきさんには、本文の注と訳語の付加にご尽力たまわりました。ここに記して感謝申し上げます。

本書は、人間社会学部の取り組みをもとに、学部内有志によるＬＧＢＴ研究会が、現状を共有するために発行するものです。「女子」のエンパワーメントの必要性は未だなくならないなか、女子大学の使命のバージョンアップも求められています。このブックレットがその一助になることを願っております。

【執筆者紹介】（執筆順）

小山 聡子（おやま さとこ）

日本女子大学人間社会学部社会福祉学科教授・人間社会学部長・前副学長

山田 忠彰（やまだ ただあき）

日本女子大学人間社会学部文化学科教授・前人間社会学部長

杉山 文野（すぎやま ふみの）

一九八一年東京都新宿区生まれ。フェンシング元女子日本代表。自ら飲食店を経営する傍ら、日本最大のプライドパレードであるＮＰＯ法人東京レインボープライド共同代表理事、セクシュアル・マイノリティの子どもたちをサポートするＮＰＯ法人ハートをつなごう学校代表、各地での講演会やＮＨＫの番組でＭＣを務めるなど活動は多岐にわたる。日本初となる渋谷区・同性パートナーシップ条例制定に関わり、現在は渋谷区男女平等・多様性社会推進会議委員も務める。

S

男性として入社した会社で、トランスジェンダーをカミングアウトし現在、女性として働く会社員。

田中 かず子（たなか かずこ）

国際基督教大学教養学部元教授。お茶の水女子大学を卒業後、一九七二年に渡米。一九八〇年アイオワ大学大学院に進学し、一九八七年ジェンダー階層論で社会学博士号を取得。帰国後一九八九年国際基督教大学に専任教員として着任。二〇〇四年ジェンダー研究センターの設立、二〇〇五年ジェンダー・セクシュアリティ研究プログラムの開設にかかわり、二〇一四年国際基督教大学を定年退職するまで同センター長およびプログラムコーディネーターを兼務。編著に『アジアから視るジェンダー』（風行社、二〇〇八年）、共著に *Gendering The Knowledge Economy—Comparative Perspectives* (Palgrave Macmillan, 2007)、『ケア　その思想と実践2　ケアすること』（岩波書店、二〇〇八年）など。

髙橋 裕子（たかはし ゆうこ）

津田塾大学学長・教授。同大学英文学科卒業、筑波大学大学院（国際学修士）、米・カンザス大学大学院（M.A., Ph.D.）などを経て、一九九七年から同大学専任教員、二〇一六年四月より現職。専門は、アメリカ社会史（家族・女性・教育）、ジェンダー論。著書に、『教育とＬＧＢＴＩをつなぐ―学校・大学の現場から考える』（青弓社、二〇一七年）（分担執筆）、『家族と教育』（明石書店、二〇一一年）（共編著）、『女性と高等教育―機会拡張と社会的相克』（昭和堂、二〇〇八年）（分担執筆）、『津田梅子の社会史』（玉川大学出版部、二〇〇二年）（単著、アメリカ学会清水博賞）等。日本学術会議連携会員、アメリカ学会副会長。

藤田 武志（ふじた たけし）

日本女子大学人間社会学部教育学科教授・人間社会学部長補佐

LGBT と女子大学
―― 誰もが自分らしく輝ける大学を目指して

2018 年 4 月 20 日　第一版第一刷発行
2019 年 1 月 20 日　第一版第二刷発行

日本女子大学人間社会学部 LGBT 研究会 編

発行者　田中　千津子
発行所　株式会社 学 文 社
〒 153-0064　東京都目黒区下目黒 3-6-1
電話　03 (3715) 1501 (代)
FAX　03 (3715) 2012
http://www.gakubunsha.com

印刷所　新灯印刷
乱丁・落丁の場合は本社でお取替えします。
定価は売上カード，カバーに表示。

ISBN978-4-7620-2778-9